www.ingramcontent.com/pod-product-compliance
Lightning Source LLC
Chambersburg PA
CBHW052045230426
43671CB00011B/1789

PETITE BIBLIOTHÈQUE DE LA FAMILLE

FORMAT PETIT IN-12
A 2 FRANCS LE VOLUME

LA RELIURE EN PERCALINE GRIS PERLE, TRANCHES ROUGES,
SE PAYE EN SUS, 50 C.

Fleuriot (Mlle Z.) : *Tombés du nid.* 1 vol.
— *Raoul Daubry, chef de famille.* 2e édit. 1 vol.
— *L'héritier de Kerguignon.* 3e édit. 1 vol.
— *Réséda.* 9e édit. 1 vol.
— *Ces bons Rozafo!* 1 vol.
— *La vie en famille.* 8e édit. 1 vol.
— *Le cœur et la tête.* 1 vol.
— *Au Galadoc.* 1 vol.
— *De trop.* 1 vol.
— *Le théâtre chez soi, comédies et proverbes.* 1 vol.
— *Sans beauté.* 1 vol.
— *Loyauté.* 1 vol.
— *La clef d'or.* 1 vol.
— *Bengale.* 1 vol.
— *La glorieuse.* 1 vol.

Fleuriot Kérinou : *De fil en aiguille.* 1 vol.

Girardin (J.) : *Le locataire des demoiselles Rocher.* 1 vol.

Girardin (J.) (suite) : *Les épreuves d'Étienne.* 1 vol.
— *Les théories du docteur Wurtz.* 1 vol.
— *Miss Sans-Cœur.* 2e édit. 1 vol.
— *Les braves gens.* 1 vol.
— *Mauviette.* 1 vol.

Giron (Aimé) : *Braconnette.* 1 vol.

Marcel (Mme J.) : *Le Clos-Chanterêne.* 1 vol.

Verley : *Une perfection.* 1 vol.

Wilde (Mme Van de) : *Filleul du roi.* 1 vol.

Witt (Mme de), née Guizot : *Tout simplement.* 2e édition. 1 vol.
— *Reine et maîtresse.* 1 vol.
— *Un héritage.* 1 vol.
— *Ceux qui nous aiment et ceux que nous aimons.* 1 vol.
— *Sous tous les cieux.* 1 vol.
— *A travers pays.*
— *Vieux contes de la veillée.* 1 vol.
— *Regain de vie.* 1 vol.
— *Contes et légendes de l'Est.* 1 vol.

D'autres volumes sont en préparation.

LE JOURNAL DE LA JEUNESSE

NOUVEAU RECUEIL HEBDOMADAIRE ILLUSTRÉ

POUR LES ENFANTS DE DOUZE A QUINZE ANS

CONDITIONS DE VENTE ET D'ABONNEMENT

Un numéro comprenant 16 pages grand in-8 paraît le samedi de chaque semaine.

Prix de chaque année, brochée en 2 volumes : 20 fr.

Chaque semestre, formant un volume, se vend séparément : 10 fr.
Le cartonnage en percaline rouge, tranches dorées, se paye en sus par volume 3 fr.

Prix de l'abonnement pour Paris et les départements :
un an, 20 fr. ; six mois, 10 fr.

Prix de l'abonnement pour les pays étrangers qui font partie de l'Union générale des postes : un an, 22 fr. ; six mois, 11 fr.

Les abonnements se prennent du 1ᵉʳ décembre et du 1ᵉʳ juin de chaque année.

MON JOURNAL

NOUVEAU RECUEIL HEBDOMADAIRE

ILLUSTRÉ DE NOMBREUSES GRAVURES EN COULEURS ET EN NOIR

A L'USAGE DES ENFANTS DE NEUF A DOUZE ANS

MON JOURNAL, à partir du 1ᵉʳ octobre 1882, est devenu hebdomadaire de mensuel qu'il était, et convient à des enfants de 8 à 12 ans.

Il paraît un numéro le samedi de chaque semaine.
Prix du numéro, 15 centimes.

ABONNEMENTS :

PARIS : un an, 4 fr. 50 ; Six mois 2 fr. 50
DÉPARTEMENTS : un an, 10 fr.

Prix de l'année (1ʳᵉ série) brochée, 2 fr. ; cartonnée en percaline gaufrée, avec fers spéciaux à froid, 2 fr. 50.

MÉMOIRES D'UN ANE

OUVRAGES DU MÊME AUTEUR

PUBLIÉS DANS LA BIBLIOTHÈQUE ROSE ILLUSTRÉE

PAR LA LIBRAIRIE HACHETTE ET C¹ᵉ

Un bon petit diable ; 1 vol. avec 100 gravures d'après Castelli.
Quel amour d'enfant ! 1 vol. avec 79 gravures d'après E. Bayard.
Pauvre Blaise ; 1 vol. avec 96 gravures d'après H. Castelli.
Mémoires d'un Âne ; 1 vol. avec 75 gravures d'après Castelli.
Les vacances ; 1 vol. avec 36 gravures d'après Bertall.
Les petites filles modèles ; 1 vol. avec 21 grandes grav. d'après Bertall.
Les malheurs de Sophie ; 1 vol. avec 48 gravures d'après Castelli.
Les deux nigauds ; 1 vol. avec 78 gravures d'après Castelli.
Les bons enfants ; 1 vol. avec 70 gravures d'après Ferogio.
Le général Dourakine ; 1 vol. avec 100 gravures d'après E. Bayard.
L'auberge de l'Ange-Gardien ; 1 vol. avec 75 grav. d'après Foulquier.
La sœur de Gribouille ; 1 vol. avec 72 gravures d'après Castelli.
La fortune de Gaspard ; 1 vol. avec 32 gravures d'après Gerlier.
Jean qui grogne et Jean qui rit ; 1 vol. avec 70 grav. d'après Castelli.
François le Bossu ; 1 vol. avec 114 gravures d'après E. Bayard.
Diloy le Chemineau ; 1 vol. avec 90 gravures d'après H. Castelli.
Comédies et proverbes ; 1 vol. avec 60 gravures d'après E. Bayard.
Le mauvais génie ; 1 vol. avec 90 gravures d'après E. Bayard.
Après la pluie le beau temps ; 1 vol. avec 128 grav. d'après E. Bayard.

Prix de chaque volume broché, 2 25.
Relié en percaline rouge, tranches dorées, 3 50.

Format in-8°, broché

La Bible d'une grand'mère, avec 30 gravures..	10 »
Évangile d'une grand'mère, avec 30 gravures	10 »
Les Actes des Apôtres, avec 10 gravures.....	10 »

Évangile d'une grand'mère, édition classique, in-12, cart...	1 50
La santé des enfants, in-18 raisin, broché.....	» 50

27752. — Imprimerie Lahure, rue de Fleurus, 9, à Paris.

MÉMOIRES D'UN ANE

PAR

Mme LA COMTESSE DE SÉGUR

NÉE ROSTOPCHINE

ILLUSTRÉS DE 75 VIGNETTES
PAR HORACE CASTELLI

NOUVELLE ÉDITION

PARIS
LIBRAIRIE HACHETTE ET Cie
79, BOULEVARD SAINT-GERMAIN, 79

1894

Droits de traduction et de reproduction réservés.

A MON PETIT MAÎTRE

M. HENRI DE SÉGUR

Mon petit Maître, vous avez été bon pour moi, mais vous avez parlé avec mépris des ânes en général. Pour mieux vous faire connaître ce que sont les ânes, j'écris et je vous offre ces Mémoires. Vous verrez, mon cher petit Maître, comment moi, pauvre âne, et mes amis ânes, ânons et ânesses, nous avons été et nous sommes injustement traités par les hommes. Vous verrez que nous avons beaucoup d'esprit et beaucoup d'excellentes qualités; vous verrez aussi combien j'ai été méchant dans ma jeunesse, combien j'en ai été puni et malheureux, et comme le repentir m'a changé et m'a rendu l'amitié

de mes camarades et de mes maîtres. Vous verrez enfin que lorsqu'on aura lu ce livre, au lieu de dire : Bête comme un âne, ignorant comme un âne, têtu comme un âne, *on dira :* De l'esprit comme un âne, savant comme un âne, docile comme un âne, *et que vous et vos parents vous serez fiers de ces éloges.*

Hi! han! mon bon maître; je vous souhaite de ne pas ressembler, dans la première moitié de sa vie, à votre fidèle serviteur.

CADICHON,
Âne savant.

MÉMOIRES D'UN ANE

Je ne me souviens pas de mon enfance; je fus probablement malheureux comme tous les ânons, joli, gracieux comme nous le sommes tous; très certainement je fus plein d'esprit, puisque, tout vieux que je suis, j'en ai encore plus que mes camarades. J'ai attrapé plus d'une fois mes pauvres maîtres, qui n'étaient que des hommes, et qui, par conséquent, ne pouvaient pas avoir l'intelligence d'un âne.

Je vais commencer par vous raconter un des tours que je leur ai joués dans le temps de mon enfance.

I

LE MARCHÉ

Les hommes n'étant pas tenus de savoir tout ce que savent les ânes, vous ignorez sans doute, vous qui lisez ce livre, ce qui est connu de tous les ânes mes amis : c'est que tous les mardis il y a dans la ville de Laigle un marché où l'on vend des légumes, du beurre, des œufs, du fromage, des fruits et autres choses excellentes. Ce mardi est un jour de supplice pour mes pauvres confrères; il l'était pour moi aussi avant que je fusse acheté par ma bonne vieille maîtresse, votre grand'mère, chez laquelle je vis maintenant. J'appartenais à une fermière exigeante et méchante. Figurez-vous, mon cher petit maître, qu'elle poussait la malice jusqu'à ramasser tous les œufs que pondaient ses poules, tout le beurre et les fromages que lui donnait le lait de ses vaches, tous les légumes et

fruits qui mûrissaient dans la semaine, pour remplir des paniers qu'elle mettait sur mon dos.

Et quand j'étais si chargé que je pouvais à peine avancer, cette méchante femme s'asseyait encore au-dessus des paniers et m'obligeait à trotter ainsi écrasé, accablé, jusqu'au marché de Laigle, qui était à une lieue de la ferme. J'étais toutes les fois dans une colère que je n'osais montrer, parce que j'avais peur des coups de bâton; ma maîtresse en avait un très gros, plein de nœuds, qui me faisaient bien mal quand elle me battait. Chaque fois que je voyais, que j'entendais les préparatifs du marché, je soupirais, je gémissais, je brayais même dans l'espoir d'attendrir mes maîtres.

« Allons, grand paresseux, me disait-on en venant me chercher, vas-tu te taire, et ne pas nous assourdir avec ta vilaine grosse voix. *Hi! han! hi! han!* voilà-t-il une belle musique que tu nous fais! Jules, mon garçon, approche ce fainéant près de la porte, que ta mère lui mette sa charge sur le dos!... Là! un panier d'œufs!... encore un!... Les fromages, le beurre.... les légumes maintenant!... C'est bon! voilà une bonne charge qui va nous donner quelques pièces de cinq francs. Mariette, ma fille, apporte une chaise, que ta mère monte là-dessus!... Très bien!... Allons, bon voyage, ma femme, et fais marcher ce fainéant de bourri. Tiens, v'là ton gourdin, tape dessus.

— Pan! pan!

— C'est bien; encore quelques caresses de ce genre, et il marchera.

— Vlan! vlan! » Le bâton ne cessait de me frotter les reins, les jambes, le cou; je trottais,

Cette méchante femme s'asseyait encore au-dessus des paniers.

je galopais presque; la fermière me battait toujours. Je fus indigné de tant d'injustice et de cruauté; j'essayai de ruer pour jeter ma maîtresse par terre, mais j'étais trop chargé; je ne

pus que sautiller et me secouer de droite et de gauche. J'eus pourtant le plaisir de la sentir dégringoler. « Méchant âne! sot animal! entêté! Je vais te corriger et te donner du Martin-bâton. »

En effet, elle me battit tellement que j'eus peine à marcher jusqu'à la ville. Nous arrivâmes enfin. On ôta de dessus mon pauvre dos écorché tous les paniers pour les poser à terre; ma maîtresse, après

Elle prit son bâton. (Page 11.)

m'avoir attaché à un poteau, alla déjeuner, et moi, qui mourais de faim et de soif, on ne m'offrit pas seulement un brin d'herbe, une goutte d'eau. Je trouvai moyen de m'approcher des légumes pendant l'absence de la fermière, et je me rafraîchis la langue en me remplissant l'estomac avec un panier de salades et de choux. De ma vie je n'en avais mangé de si bons; je finissais le dernier chou et la dernière salade lorsque ma maîtresse revint. Elle poussa un cri en voyant son panier vide; je la

regardai d'un air insolent et si satisfait, qu'elle devina le crime que j'avais commis. Je ne vous répéterai pas les injures dont elle m'accabla. Elle avait très mauvais ton, et lorsqu'elle était en colère, elle jurait et disait des choses qui me faisaient rougir.

On emporta ma maîtresse je ne sais où. (Page 12.)

tout âne que je suis. Après donc m'avoir tenu les propos les plus humiliants, auxquels je ne répondais qu'en me léchant les lèvres et en lui tournant le dos, elle prit son bâton et se mit à me battre si cruellement que je finis par perdre patience, et que je lui lançai trois ruades, dont la première lui cassa le nez et deux dents, la seconde lui brisa le poignet, et la troisième l'attrapa à l'estomac et la

jeta par terre. Vingt personnes se précipitèrent sur moi en m'accablant de coups et d'injures. On emporta ma maîtresse je ne sais où, et l'on me laissa attaché au poteau près duquel étaient étalées les marchandises que j'avais apportées. J'y restai longtemps; voyant que personne ne songeait à moi, je mangeai un second panier plein d'excellents légumes, je coupai avec mes dents la corde qui me retenait, et je repris tout doucement le chemin de ma ferme.

Les gens que je dépassais sur la route s'étonnaient de me voir tout seul.

« Tiens, ce bourri avec sa longe cassée! Il s'est échappé, disait l'un.

— Alors, c'est un échappé des galères », dit l'autre.

Et tous se mirent à rire.

« Il ne porte pas une forte charge sur son dos, reprit le troisième.

— Bien sûr, il a fait un mauvais coup! s'écria un quatrième.

— Attrape-le donc, mon homme, nous mettrons le petit sur son bât, dit une femme.

— Ah! il te portera bien avec le petit gars », répondit le mari.

Moi, voulant donner bonne opinion de ma douceur et de ma complaisance, je m'approchai tout doucement de la paysanne, et je m'arrêtai près d'elle pour la laisser monter sur mon dos.

« Il n'a pas l'air méchant, ce bourri! » dit

l'homme en aidant sa femme à se placer sur le bât.

Je souris de pitié en entendant ce propos : Méchant! comme si un âne doucement traité était jamais méchant. Nous ne devenons colères, désobéissants et entêtés que pour nous venger des coups et des injures que nous recevons. Quand on nous traite bien, nous sommes bons, bien meilleurs que les autres animaux.

Je ramenai à leur maison la jeune femme et son petit garçon, joli petit enfant de deux ans, qui me caressait, qui me trouvait charmant, et qui aurait bien voulu me garder. Mais je réfléchis que ce ne serait pas honnête. Mes maîtres m'avaient acheté, je leur appartenais. J'avais déjà brisé le nez, les dents, le poignet et l'estomac de ma maîtresse, j'étais assez vengé. Voyant donc que la maman allait céder à son petit garçon, qu'elle gâtait (je m'en étais bien aperçu pendant que je le portais sur mon dos), je fis un saut de côté et, avant que la maman eût pu ressaisir ma bride, je me sauvai en galopant, et je revins à la maison.

Mariette, la fille de mon maître, me vit la première.

« Ah! voilà Cadichon. Comme le voilà revenu de bonne heure! Jules, viens lui ôter son bât.

— Méchant âne, dit Jules d'un ton bourru, il faut toujours s'occuper de lui. Pourquoi donc est-il revenu seul? Je parie qu'il s'est échappé. Vilaine bête! ajouta-t-il en me donnant un coup de pied

dans les jambes, si je savais que tu t'es sauvé, je te donnerais cent coups de bâton. »

Mon bât et ma bride étant ôtés, je m'éloignai en galopant. A peine étais-je rentré dans l'herbage, que j'entendis des cris qui venaient de la ferme. J'approchai ma tête de la haie, et je vis qu'on avait ramené la fermière ; c'étaient les enfants qui poussaient ces cris. J'écoutai de toutes mes oreilles, et j'entendis Jules dire à son père :

« Mon père, je vais prendre le grand fouet du charretier, j'attacherai l'âne à un arbre, et je le battrai jusqu'à ce qu'il tombe par terre.

— Va, mon garçon, va, mais ne le tue pas ; nous perdrions l'argent qu'il nous a coûté. Je le vendrai à la prochaine foire. »

Je restai tremblant de frayeur en les entendant et en voyant Jules courir à l'écurie pour chercher le fouet. Il n'y avait pas à hésiter, et, sans me faire scrupule cette fois de faire perdre à mes maîtres le prix qu'ils m'avaient payé, je courus vers la haie qui me séparait des champs : je m'élançai dessus avec une telle force que je brisai les branches et que je pus passer au travers. Je courus dans le champ, et je continuai à courir longtemps, bien longtemps, croyant toujours être poursuivi. Enfin, n'en pouvant plus, je m'arrêtai, j'écoutai,... je n'entendis rien. Je montai sur une butte, je ne vis personne. Alors je commençai à respirer et à me réjouir de m'être délivré de ces méchants fermiers.

Mais je me demandais ce que j'allais devenir. Si

je restais dans le pays, on me reconnaîtrait, on me rattraperait, et l'on me ramènerait à mes maîtres. Que faire? où aller?

Je regardai autour de moi; je me trouvai isolé et malheureux, et j'allais verser des larmes sur ma triste position, lorsque je m'aperçus que j'étais au bord d'un bois magnifique : c'était la forêt de Saint-Évroult.

« Quel bonheur! m'écriai-je. Je trouverai dans cette forêt de l'herbe tendre, de l'eau, de la mousse fraîche : j'y demeurerai pendant quelques jours, puis j'irai dans une autre forêt, plus loin, bien plus loin de la ferme de mes maîtres. »

J'entrai dans le bois; je mangeai avec bonheur de l'herbe tendre, et je bus l'eau d'une belle fontaine. Comme il commençait à faire nuit, je me couchai sur la mousse au pied d'un vieux sapin, et je m'endormis paisiblement jusqu'au lendemain.

II

LA POURSUITE

Le lendemain, après avoir mangé et bu, je songeai à mon bonheur.

« Me voici sauvé, pensais-je ; jamais on ne me retrouvera, et dans deux jours, quand je serai bien reposé, j'irai plus loin encore. »

A peine avais-je fini cette réflexion, que j'entendis l'aboiement lointain d'un chien, puis d'un second ; quelques instants après, je distinguai les hurlements de toute une meute.

Inquiet, un peu effrayé même, je me levai et je me dirigeai vers un petit ruisseau que j'avais remarqué le matin. A peine y étais-je entré, que j'entendis la voix de Jules parlant aux chiens.

« Allons, allons, mes chiens, cherchez bien, trouvez-moi ce misérable âne, mordez-le, déchirez-lui

les jambes, et ramenez-le-moi, que j'essaye mon fouet sur son dos. »

La frayeur manqua me faire tomber; mais je réfléchis aussitôt qu'en marchant dans l'eau les chiens ne pourraient plus sentir la trace de mes pas; je me mis donc à courir dans le ruisseau, qui était heureusement bordé des deux côtés de buissons très épais. Je marchai sans m'arrêter pendant fort longtemps; les aboiements des chiens s'éloignaient, ainsi que la voix du méchant Jules : je finis par ne plus rien entendre.

Haletant, épuisé, je m'arrêtai un instant pour boire; je mangeai quelques feuilles des buissons; mes jambes étaient raides de froid, mais je n'osais pas sortir de l'eau, j'avais peur que les chiens ne vinssent jusque-là et ne sentissent l'odeur de mes pas. Quand je fus un peu reposé, je recommençai à courir, suivant toujours le ruisseau, jusqu'à ce que je fusse sorti de la forêt. Je me trouvai alors dans une grande prairie où paissaient plus de cinquante bœufs. Je me couchai au soleil dans un coin de l'herbage; les bœufs ne faisaient aucune attention à moi, de sorte que je pus manger et me reposer à mon aise.

Vers le soir, deux hommes entrèrent dans la prairie.

« Frère, dit le plus grand des deux, si nous rentrions les bœufs cette nuit? On dit qu'il y a des loups dans le bois.

— Des loups? Qui est-ce qui t'a dit cette bêtise?

Vers le soir, deux hommes entrèrent dans la prairie. (Page 18.)

— Des gens de Laigle. On raconte que l'âne de la ferme des Haies a été emporté et dévoré dans la forêt.

— Bah! laisse donc. Ils sont si méchants, les gens de cette ferme, qu'ils auront fait mourir leur âne à force de coups.

— Et pourquoi donc qu'ils diraient que le loup l'a mangé?

— Pour qu'on ne sache pas qu'ils l'ont tué.

— Tout de même il vaudrait mieux rentrer nos bœufs.

— Fais comme tu voudras, frère; je ne tiens ni à oui, ni à non. »

Je ne bougeais pas dans mon coin, tant j'avais peur qu'on ne me vît. L'herbe était haute et me cachait, fort heureusement; les bœufs ne se trouvaient pas du côté où j'étais étendu; on les fit marcher vers la barrière, et puis à la ferme où demeuraient leurs maîtres.

Je n'avais pas peur des loups, parce que l'âne dont on parlait c'était moi-même, et que je n'avais pas vu la queue d'un loup dans la forêt où j'avais passé la nuit. Je dormis donc à merveille, et je finissais mon déjeuner quand les bœufs rentrèrent dans la prairie : deux gros chiens les menaient.

Je les regardais tranquillement, lorsqu'un des chiens m'aperçut, aboya d'un air menaçant, et courut vers moi; son compagnon le suivit. Que devenir? Comment leur échapper? Je m'élançai sur les palissades qui entouraient la prairie; le

ruisseau que j'avais suivi la traversait ; je fus assez heureux pour sauter par-dessus, et j'entendis la voix d'un des hommes de la veille qui rappelait ses chiens. Je continuai mon chemin tout doucement, et je marchai jusqu'à une autre forêt, dont j'ignore le nom. Je devais être à plus de dix lieues de la ferme des Haies : j'étais donc sauvé ; personne ne me connaissait, et je pouvais me montrer sans craindre d'être ramené chez mes anciens maîtres.

III

LES NOUVEAUX MAÎTRES

Je vécus tranquillement un mois dans cette forêt. Je m'ennuyais bien un peu quelquefois, mais je préférais encore vivre seul que vivre malheureux. J'étais donc à moitié heureux, lorsque je m'aperçus que l'herbe diminuait et devenait dure; les feuilles tombaient, l'eau était glacée, la terre était humide.

« Hélas! hélas! pensai-je; que devenir? Si je reste ici, je périrai de froid, de faim, de soif. Mais où aller? Qui est-ce qui voudra de moi? »

A force de réfléchir, j'imaginai un moyen de me trouver un abri. Je sortis de la forêt, et j'allai dans un petit village tout près de là. Je vis une petite maison isolée et bien propre; une bonne femme était assise à la porte, elle filait. Je fus touché de son air de bonté et de tristesse; je m'approchai d'elle,

et je mis ma tête sur son épaule. La bonne femme poussa un cri, se leva précipitamment de dessus sa chaise, et parut effrayée. Je ne bougeai pas; je la regardai d'un air doux et suppliant.

« Pauvre bête! dit-elle enfin, tu n'as pas l'air méchant. Si tu n'appartiens à personne, je serais bien contente de t'avoir pour remplacer mon pauvre vieux Grison, mort de vieillesse. Je pourrais continuer à gagner ma vie en vendant mes légumes au marché. Mais... tu as sans doute un maître, ajouta-t-elle en soupirant.

— A qui parlez-vous, grand'mère? dit une voix douce qui venait de l'intérieur de la maison.

— Je cause avec un âne qui est venu me mettre la tête sur l'épaule, et qui me regarde d'un air si doux que je n'ai pas le cœur de le chasser.

— Voyons, voyons », reprit la petite voix.

Et aussitôt je vis sur le seuil de la porte un beau petit garçon de six à sept ans. Il était pauvrement mais proprement vêtu. Il me regarda d'un œil curieux et un peu craintif.

« Puis-je le caresser, grand'mère? dit-il.

— Certainement, mon Georget; mais prends garde qu'il ne te morde. »

Le petit garçon allongea son bras, et, ne pouvant m'atteindre, il avança un pied, puis l'autre, et put me caresser le dos.

Je ne bougeai pas, de peur de l'effrayer; seulement je tournai ma tête vers lui, et je passai ma langue sur sa main.

GEORGET.

Grand'mère, grand'mère, comme il a l'air bon, ce pauvre âne, il m'a léché la main!

LA GRAND'MÈRE.

C'est singulier qu'il soit tout seul. Où est son maître? Va donc, Georget, par le village et à l'auberge où s'arrêtent les voyageurs : tu demanderas à qui appartient ce bourri. Son maître est peut-être en peine de lui.

GEORGET.

Vais-je emmener le bourri, grand'mère?

LA GRAND'MÈRE.

Il ne te suivrait pas; laisse-le aller où il voudra.

Georget partit en courant; je trottai après lui. Quand il vit que je le suivais, il vint à moi, et, me caressant, il me dit : « Dis donc, mon petit bourri, puisque tu me suis, tu me laisseras bien monter sur ton dos ». Et, sautant sur mon dos, il me fit : *Hu! hu!*

Je partis au petit galop, ce qui enchanta Georget. *Ho! ho!* fit-il en passant devant l'auberge. Je m'arrêtai tout de suite. Georget sauta à terre; je restai devant la porte, ne bougeant pas plus que si j'avais été attaché.

« Qu'est-ce que tu veux, mon garçon? dit le maître de l'auberge.

— Je viens savoir, monsieur Duval, si ce bourri, qui est ici à la porte, ne serait pas à vous ou à une de vos pratiques. »

M. Duval s'avança vers la porte, me regarda atten-

tivement. « Non, ce n'est pas à moi, ni à personne que je connaisse, mon garçon. Va chercher plus loin. »

Georget remonta sur mon dos; je repartis au galop, et nous marchâmes, demandant de porte en porte à qui j'appartenais. Personne ne me reconnaissait, et nous revînmes chez la bonne grand'mère, qui filait toujours assise devant sa maison.

GEORGET.

Grand'mère, le bourri n'appartient à personne du pays. Qu'allons-nous en faire? Il ne veut pas me quitter, et il se sauve quand quelqu'un veut le toucher.

LA GRAND'MÈRE.

En ce cas, mon Georget, il ne faut pas le laisser passer la nuit dehors; il pourrait lui arriver malheur. Va le mener à l'écurie de notre pauvre Grison, et donne-lui une botte de foin et un seau d'eau. Nous verrons demain à le mener au marché; peut-être retrouverons-nous son maître.

GEORGET.

Et si nous ne le retrouvons pas, grand'mère?

LA GRAND'MÈRE.

Nous le garderons jusqu'à ce qu'on le réclame. Nous ne pouvons pas laisser cette pauvre bête périr de froid pendant l'hiver, ou bien tomber aux mains de méchants garnements qui la battraient et la feraient mourir de fatigue et de misère.

Georget me donna à boire et à manger, me caressa et sortit. Je lui entendis dire en fermant la porte :

« Ah! que je voudrais qu'il n'eût pas de maître et qu'il restât chez nous! »

Le lendemain Georget me mit un licou après m'avoir fait déjeuner. Il m'amena devant la porte; la grand'mère me mit sur le dos un bât très léger, et s'assit dessus. Georget lui apporta un petit panier de légumes, qu'elle mit sur ses genoux, et nous partîmes pour le marché de Mamers. La bonne femme vendit bien ses légumes, personne ne me reconnut, et je revins avec mes nouveaux maîtres.

Je vécus chez eux pendant quatre ans; j'étais heureux; je ne faisais de mal à personne; je faisais bien mon service; j'aimais mon petit maître, qui ne me battait jamais; on ne me fatiguait pas trop; on me nourrissait assez bien. D'ailleurs je ne suis pas gourmand. L'été, des épluchures de légumes, des herbes dont ne veulent pas les chevaux ni les vaches; l'hiver, du foin et des pelures de pommes de terre, de carottes, de navets : voilà ce qui nous suffit à nous autres ânes.

Il y avait pourtant des journées que je n'aimais pas; c'étaient celles où ma maîtresse me louait à des enfants du voisinage. Elle n'était pas riche, et, les jours où je n'avais pas à travailler, elle était bien aise de gagner quelque chose en me louant aux enfants du château voisin. Ils n'étaient pas toujours bons.

Voici ce qui m'arriva un jour dans une de ces promenades.

IV

LE PONT

Il y avait six ânes rangés dans la cour; j'étais un des plus beaux et des plus forts. Trois petites filles nous apportèrent de l'avoine dans une auge. Tout en mangeant, j'écoutais causer les enfants.

CHARLES.

Voyons, mes amis, choisissons nos ânes. Moi, d'abord, je prends celui-ci (en me montrant du doigt).

— Toi, tu prends toujours ce que tu crois le meilleur, dirent à la fois les cinq enfants. Il faut tirer au sort.

CHARLES.

Comment veux-tu que nous tirions au sort, Caroline? Est-ce qu'on peut mettre les ânes dans un sac et les en tirer comme des billes?

ANTOINE.

Ah! ah! ah! Est-il bête avec ses ânes dans un sac! Comme si on ne pouvait pas les numéroter 1, 2, 3, 4, 5, 6, mettre les numéros dans un sac, et tirer au hasard chacun le sien.

— C'est vrai, c'est vrai, s'écrièrent les cinq autres. Ernest, fais les numéros pendant que nous allons les écrire sur le dos des ânes.

Ces enfants sont bêtes, me disais-je. S'ils avaient l'esprit d'un âne, au lieu de se donner l'ennui d'écrire les numéros sur notre dos, ils nous rangeraient tout simplement le long du mur : le premier serait 1, le second 2, et ainsi de suite.

Pendant ce temps, Antoine avait apporté un gros morceau de charbon. J'étais le premier, il m'écrit un énorme 1 sur la croupe; pendant qu'il écrivait 2 sur la croupe de mon camarade, je me secoue fortement pour lui faire voir que son invention n'était pas fameuse. Voilà le charbon parti et le 1 disparu.

« Imbécile! s'écrie-t-il; il faut que je recommence. »

Pendant qu'il refait son n° 1, mon camarade, qui m'avait vu faire, et qui était malin, se secoue à son tour. Voilà le 2 parti. Antoine commence à se fâcher; les autres rient et se moquent de lui. Je fais signe aux camarades, nous le laissons faire; aucun ne bouge. Ernest revient avec les numéros dans son mouchoir : chacun tire. Pendant qu'ils regardent leurs numéros, je fais encore un signe

aux camarades, et voilà que tous nous nous secouons tant et plus. Plus de charbon, plus de numéros ; il faut tout recommencer : les enfants sont en colère. Charles triomphe et ricane ; Ernest, Albert, Caroline, Cécile et Louise crient contre Antoine, qui tape du pied ; ils se disent des injures ; mes camarades et moi, nous nous mettons à braire. Le tapage attire les papas et les mamans. On leur explique la chose. Un des papas imagine enfin de nous ranger le long du mur. Il fait tirer les numéros aux enfants.

« Un ! s'écrie Ernest. C'était moi.

— Deux ! dit Cécile. C'était un de mes amis.

— Trois ! dit Antoine. Et ainsi de suite jusqu'au dernier.

— A présent, partons, dit Charles. Moi, d'abord, je pars le premier.

— Oh ! je saurai bien te rattraper, lui répondit vivement Ernest.

— Je parie que non, reprit aussitôt Charles.

— Je gage que si », réplique Ernest.

Voilà Charles qui tape son âne et qui part au galop. Avant qu'Ernest ait eu le temps de me donner un coup de fouet, je pars aussi, mais d'un train qui me fait bien vite rattraper Charles et son âne. Ernest est enchanté, Charles est furieux. Il tape, il tape son âne ; Ernest n'avait pas besoin de me frapper, je courais, j'allais comme le vent. Je dépasse Charles en une minute ; j'entends les autres qui suivent en riant et en criant :

« Bravo ! l'âne n° 1 ; bravo ! il court comme un cheval. »

L'amour-propre me donne du courage ; je continue à galoper jusqu'à ce que nous soyons arrivés près d'un pont. J'arrête brusquement ; je venais de voir qu'une large planche du pont était pourrie ; je ne voulais pas tomber à l'eau avec Ernest, mais retourner avec les autres, qui étaient bien loin derrière nous.

« Ho là ! ho là ! bourri, me dit Ernest. Sur le pont, mon ami, sur le pont ! »

Je résiste ; il me donne un coup de baguette.

Je continue à marcher vers les autres.

« Entêté ! bête brute ! veux-tu tourner et passer le pont ? »

Je marche toujours vers les camarades ; je les rejoins malgré les injures et les coups de ce méchant garçon.

« Pourquoi bats-tu ton âne, Ernest ? s'écria Caroline ; il est excellent. Il t'a mené ventre à terre et t'a fait dépasser Charles.

— Je le bats parce qu'il s'entête à ne pas vouloir passer le pont, dit Ernest ; il s'est obstiné à revenir sur ses pas.

— Ah bah ! c'est parce qu'il était seul ; maintenant que nous voilà tous il passera le pont tout comme les autres. »

Les malheureux ! pensai-je. Ils vont tous tomber dans la rivière ! Il faut que je tâche de leur montrer qu'il y a du danger.

Et me voilà reparti au galop, courant vers le pont, à la grande satisfaction d'Ernest et aux cris de joie des enfants.

Je galope jusqu'au pont ; arrivé là, je m'arrête brusquement comme si j'avais peur. Ernest, étonné, me presse de continuer : je recule d'un air de frayeur qui surprend plus encore Ernest. L'imbécile ne voyait rien ; la planche pourrie était pourtant bien visible. Les autres avaient rejoint, et regardaient en riant les efforts d'Ernest pour me faire passer et les miens pour ne pas passer. Ils finissent par descendre de leurs ânes ; chacun me pousse, me bat sans pitié : je ne bouge pas.

« Tirez-le par la queue ! s'écrie Charles. Les ânes sont si entêtés, que lorsqu'on veut les faire reculer ils avancent. »

Les voilà qui veulent me saisir la queue. Je me défends en ruant ; ils me battent tous ensemble : je n'en bouge pas davantage.

« Attends, Ernest, dit Charles ; je passerai le premier, ton âne me suivra certainement. »

Il veut avancer, je me mets en travers du pont ; il me fait reculer à force de coups.

« Au fait, me dis-je, si ce méchant garçon veut se noyer, qu'il se noie, j'ai fait ce que j'ai pu pour le sauver ; qu'il boive un coup, puisqu'il le veut absolument. »

A peine son âne met-il le pied sur la planche pourrie, qu'elle casse, et voilà Charles et son âne à l'eau. Pour mon camarade, il n'y avait pas de

danger, car il savait nager comme tous les ânes. Mais Charles se débattait et criait sans pouvoir se tirer de là.

« Une perche! une perche! » disait-il.

Les enfants criaient et couraient de tous côtés. Enfin Caroline aperçoit une longue perche, la ramasse et la présente à Charles, qui la saisit. Son

Ils parviennent avec peine à retirer le malheureux Charles.

poids entraîne Caroline, qui appelle *au secours!* Ernest, Antoine et Albert courent à elle; ils parviennent avec peine à retirer le malheureux Charles, qui avait bu plus qu'il n'avait soif, et qui était trempé des pieds à la tête. Quand il est sauvé, les enfants se mettent à rire de sa mine piteuse; Charles se fâche; les enfants sautent sur leurs ânes et lui conseillent en riant de rentrer à la

« Une perche ! une perche ! » disait-il.

maison pour changer d'habits et de linge. Il remonte tout mouillé sur son âne. Je riais à part moi de sa figure ridicule. Le courant avait entraîné son chapeau et ses souliers, l'eau ruisselait jusqu'à terre; ses cheveux, trempés, se collaient à sa figure, son air furieux achevait de le rendre complétement risible. Les enfants riaient, mes camarades sautaient et couraient pour témoigner leur gaieté.

Je dois ajouter que l'âne de Charles était détesté de nous tous, parce qu'il était querelleur, gourmand et bête, ce qui est très rare parmi les ânes.

Enfin, Charles disparut, les enfants et mes camarades se calmèrent. Chacun me caressa et admira mon esprit; nous repartimes tous, moi en tête de la bande.

V

LE CIMETIÈRE

Nous marchions au pas, et nous approchions du cimetière du village, qui est à une lieue du château. « Si nous retournions, dit Caroline, et que nous reprenions le chemin de la forêt?

— Pourquoi cela? dit Cécile.

CAROLINE.

C'est que je n'aime pas les cimetières.

CÉCILE, *d'un air moqueur.*

Pourquoi n'aimes-tu pas les cimetières? Est-ce que tu as peur d'y rester?

— Non, mais je pense aux pauvres gens qui y sont enterrés, et j'en suis attristée. »

Les enfants se moquèrent de Caroline, et passèrent exprès tout contre le mur. Ils allaient le dépasser, lorsque Caroline, qui paraissait inquiète, arrêta son âne, sauta à terre, et courut à la grille du cimetière.

« Que fais-tu, Caroline? où vas-tu? » s'écrièrent les enfants.

Caroline ne répondit pas; elle poussa précipitamment la grille, entra dans le cimetière, regarda autour d'elle, et courut vers une tombe fraîchement remuée.

Ernest l'avait suivie avec inquiétude, et la rejoignit au moment où, se baissant vers la tombe, elle relevait un pauvre petit garçon de trois ans dont elle avait entendu les gémissements.

« Qu'as-tu, mon pauvre petit? Pourquoi pleures-tu? »

L'enfant sanglotait et ne pouvait répondre; il était très joli et misérablement vêtu.

CAROLINE.

Comment es-tu tout seul ici, mon pauvre petit?

L'ENFANT, *sanglotant*.

Ils m'ont laissé ici; j'ai faim.

CAROLINE.

Qui est-ce qui t'a laissé ici?

L'ENFANT, *sanglotant*.

Les hommes noirs; j'ai faim.

CAROLINE.

Ernest, va vite chercher nos provisions; il faut donner à manger à ce pauvre petit; il nous expliquera ensuite pourquoi il pleure et pourquoi il est ici.

Ernest courut chercher le panier aux provisions, pendant que Caroline tâchait de consoler l'enfant. Peu d'instants après, Ernest reparut, suivi de toute la bande, que la curiosité attirait. On donna à l'en-

fant du poulet froid et du pain trempé dans du vin ; à mesure qu'il mangeait, ses larmes se séchaient, son visage reprenait un air riant. Quand il fut ras-

sasié, Caroline lui demanda pourquoi il était couché sur cette tombe.

L'ENFANT.

C'est grand'mère qu'ils ont mise là. Je veux attendre qu'elle revienne.

CAROLINE

Où est ton papa?

L'ENFANT.

Je ne sais pas, je ne le connais pas.

CAROLINE.

Et ta maman?

L'ENFANT.

Je ne sais pas; des hommes noirs l'ont emportée comme grand'mère.

CAROLINE.

Mais qui est-ce qui te soigne?

L'ENFANT.

Personne.

CAROLINE.

Qui est-ce qui te donne à manger?

L'ENFANT.

Personne; je tétais nourrice.

CAROLINE.

Où est-elle ta nourrice?

L'ENFANT.

Là-bas, à la maison.

CAROLINE.

Qu'est-ce qu'elle fait?

L'ENFANT.

Elle marche; elle mange de l'herbe.

CAROLINE.

De l'herbe?

Et tous les enfants se regardèrent avec surprise.

« Elle est donc folle? dit tout bas Cécile.

ANTOINE.

Il ne sait ce qu'il dit, il est trop jeune.

CAROLINE.

Pourquoi ta nourrice ne t'a-t-elle pas emporté?

L'ENFANT.

Elle ne peut pas; elle n'a pas de bras. »

La surprise des enfants redoubla.

CAROLINE.

Mais alors comment peut-elle te porter?

L'ENFANT.

Je monte sur son dos, répondit l'enfant.

CAROLINE.

Est-ce que tu couches avec elle?

L'ENFANT, *souriant*.

Oh non! je serais trop mal.

CAROLINE.

Mais où couche-t-elle donc? N'a-t-elle pas un lit?

L'enfant se mit à rire et dit :

« Oh non! elle couche sur la paille.

— Que veut dire tout cela? dit Ernest. Demandons-lui de nous mener dans sa maison, nous verrons sa nourrice; elle nous expliquera ce qu'il veut dire.

— J'avoue que je n'y comprends rien, dit Antoine.

CAROLINE.

Peux-tu retourner chez toi, mon petit?

L'ENFANT.

Oui, mais pas tout seul; j'ai peur des hommes noirs; il y en a plein la chambre de grand'mère.

CAROLINE.

Nous irons tous avec toi; montre-nous par où il faut aller. »

Caroline remonta sur son âne, et prit le petit garçon sur ses genoux. Il lui indiqua le chemin, et, cinq minutes après, nous arrivâmes tous à la cabane de la mère Thibaut, qui était morte de la veille et enterrée du matin. L'enfant courut à la maison et appela : « Nourrice, nourrice ! » Aussitôt une chèvre bondit hors de l'écurie restée ouverte, courut à l'enfant et témoigna sa joie de le revoir par mille sauts et caresses. L'enfant l'embrassait aussi; puis il dit : « Téter, nourrice ». La chèvre se coucha aussitôt par terre; le petit garçon s'étendit près d'elle et se mit à téter comme s'il n'avait ni bu ni mangé.

« Voilà la nourrice expliquée, dit enfin Ernest. Que ferons-nous de cet enfant ?

— Nous n'avons rien à en faire, dit Antoine, qu'à le laisser là avec sa chèvre. »

Les enfants se récrièrent tous avec indignation.

CAROLINE.

Ce serait abominable d'abandonner ce pauvre petit; il mourrait peut-être bientôt, faute de soins.

ANTOINE.

Que veux-tu en faire ? Vas-tu l'emmener chez toi ?

CAROLINE.

Certainement; je prierai maman de faire demander qui il est, s'il a des parents, et, en attendant, de le garder à la maison.

ANTOINE.

Et notre partie d'âne ? Nous allons donc tous rentrer ?

Le petit garçon s'étendit près d'elle et se mit à têter. (Page 44.)

CAROLINE.

Mais non, Ernest aura la complaisance de m'accompagner. Continuez, vous autres, votre promenade; vous êtes encore quatre, vous pouvez bien vous passer de moi et d'Ernest.

— Au fait, elle a raison, dit Antoine; remontons à âne et continuons notre promenade. »

Et ils partirent, laissant la bonne Caroline avec son cousin Ernest.

« Comme c'est heureux qu'on ne m'ait pas écoutée et qu'on ait voulu me taquiner en passant si près du cimetière, dit Caroline : sans cela je n'aurais pas entendu pleurer ce pauvre enfant, et il aurait passé la nuit entière sur la terre froide et humide! »

C'était moi qu'Ernest montait. Je compris, avec mon intelligence accoutumée, qu'il fallait arriver le plus promptement possible au château. Je me mis donc à galoper, mon camarade me suivit, et nous arrivâmes en une demi-heure. On fut d'abord effrayé de notre retour si prompt. Caroline raconta ce qui leur était arrivé avec l'enfant. Sa maman ne savait trop qu'en faire, lorsque la femme du garde offrit de l'élever avec son fils, qui était du même âge. La maman accepta son offre. Elle fit demander au village le nom du petit garçon et ce qu'étaient devenus ses parents. On apprit que le père était mort l'année d'avant, la mère depuis six mois; l'enfant était resté avec une vieille grand'mère méchante et avare, qui était

morte la veille. Personne n'avait pensé à l'enfant, et il avait suivi le cercueil jusqu'au cimetière; du reste, la grand'mère avait du bien, l'enfant n'était pas pauvre. On fit venir la bonne chèvre chez le garde, qui éleva l'enfant et en fit un bon petit sujet. Je le connais, il s'appelle Jean Thibaut : il ne fait jamais de mal aux animaux, ce qui prouve son bon cœur; et il m'aime beaucoup, ce qui prouve son esprit.

VI

LA CACHETTE

J'étais heureux, je l'ai déjà dit; mon bonheur devait bientôt finir. Le père de Georget était soldat; il revint dans son pays, rapporta de l'argent, que lui avait laissé en mourant son capitaine, et la croix, que lui avait donnée son général. Il acheta une maison à Mamers, emmena son petit garçon et sa vieille mère, et me vendit à un voisin qui avait

une petite ferme. Je fus triste de quitter ma bonne vieille maîtresse et mon petit maître Georget; tous deux avaient toujours été bons pour moi, et j'avais bien rempli tous mes devoirs.

Mon nouveau maître n'était pas mauvais, mais il avait la sotte manie de vouloir faire travailler tout le monde, et moi comme les autres. Il m'attelait à une petite charrette, et il me faisait charrier des terres, du fumier, des pommes, du bois. Je commençais à devenir paresseux; je n'aimais pas à être attelé, et je n'aimais pas surtout le jour du marché. On ne me chargeait pas trop et l'on ne me battait pas, mais il fallait ce jour-là rester sans manger depuis le matin jusqu'à trois ou quatre heures de l'après-midi. Quand la chaleur était forte, j'avais soif à mourir, et il fallait attendre que tout fût vendu, que mon maître eût reçu son argent, qu'il eût dit bonjour aux amis, qui lui faisaient boire la goutte.

Je n'étais pas très bon alors; je voulais qu'on me traitât avec amitié, sans quoi je cherchais à me venger. Voici ce que j'imaginai un jour; vous verrez que les ânes ne sont pas bêtes; mais vous verrez aussi que je devenais mauvais.

Le jour du marché, on se levait de meilleure heure que de coutume à la ferme; on cueillait les légumes, on battait le beurre, on ramassait les œufs. Je couchais dehors pendant l'été dans une grande prairie. Je voyais et j'entendais ces préparatifs, et je savais qu'à dix heures du matin on

devait venir me chercher pour m'atteler à la petite charrette, remplie de tout ce qu'on voulait vendre. J'ai déjà dit que ce marché m'ennuyait et me fatiguait. J'avais remarqué dans la prairie un grand fossé rempli de ronces et d'épines; je pensai que je pourrais m'y cacher, de manière qu'on ne pût me trouver au moment du départ. Le jour du marché, quand je vis commencer les allées et venues des gens de la ferme, je descendis tout doucement dans le fossé, et je m'y enfonçai si bien qu'il était impossible de m'apercevoir. J'étais là depuis une heure, blotti dans les ronces et les épines, lorsque j'entendis le garçon m'appeler, en courant de tous côtés, puis retourner à la ferme. Il avait sans doute appris au maître que j'étais disparu, car peu d'instants après j'entendis la voix du fermier lui-même appeler sa femme et tous les gens de la ferme pour me chercher.

« Il aura sans doute passé au travers de la haie, disait l'un.

— Par où veux-tu qu'il ait passé? Il n'y a de brèche nulle part, répondit l'autre.

— On aura laissé la barrière ouverte, dit le maître. Courez dans les champs, garçons, il ne doit pas être loin; allez vite et ramenez-le, car le temps passe, et nous arriverons trop tard. »

Les voilà tous partis dans les champs, dans les bois, à courir, à m'appeler. Je riais tout bas dans mon trou, et je n'avais garde de me montrer. Les pauvres gens revinrent essoufflés, haletants; pen-

dant une heure ils avaient cherché partout. Le maître jura après moi, dit qu'on m'avait sans doute volé, que j'étais bien bête de m'être laissé prendre, fit atteler un de ses chevaux à la charrette, et partit de fort mauvaise humeur. Quand je vis que chacun était retourné à son ouvrage, que personne ne pouvait me voir, je passai la tête avec précaution hors de ma cachette, je regardai autour

Les voilà tous partis dans les champs. (Page 53.)

de moi, et, me voyant seul, je sortis tout à fait ; je courus à l'autre bout de la prairie, pour qu'on ne pût deviner où j'avais été, et je me mis à braire de toutes mes forces.

A ce bruit, les gens de la ferme accoururent.

« Tiens, le voilà revenu ! s'écria le berger.

— D'où vient-il donc ? dit la maîtresse.

— Par où a-t-il passé ? » reprit le charretier.

Dans ma joie d'avoir évité le marché, je courus à eux. Ils me reçurent très bien, me caressèrent, me dirent que j'étais une bonne bête de m'être sauvé d'entre les mains des gens qui m'avaient

volé, et me firent tant de compliments que j'en fus honteux, car je sentais bien que je méritais le bâton bien plus que des caresses. On me laissa paître tranquillement, et j'aurais passé une journée charmante, si je ne m'étais senti troublé par ma conscience, qui me reprochait d'avoir attrapé mes pauvres maîtres.

Quand le fermier revint et qu'il apprit mon re-

Les pauvres gens revinrent essoufflés. (Page 53.)

tour, il fut bien content, mais aussi bien surpris. Le lendemain, il fit le tour de la prairie, et boucha avec soin tous les trous de la haie qui l'entourait.

« Il sera bien fin s'il s'échappe encore, dit-il en finissant. J'ai bouché avec des épines et des piquets jusqu'aux plus petites brèches; il n'y a pas de quoi donner passage à un chat. »

La semaine se passa tranquillement; on ne pensait plus à mon aventure. Mais au marché suivant je recommençai mon méchant tour, et je me cachai dans ce fossé qui m'évitait une si grande fatigue et un si grand ennui. On me chercha comme la der-

nière fois, on s'étonna plus encore, et l'on crut qu'un habile voleur m'avait enlevé en me faisant passer par la barrière.

« Cette fois, dit tristement mon maître, il est définitivement perdu. Il ne pourra pas s'échapper une seconde fois, et quand même il s'échapperait, il ne pourra pas rentrer; j'ai trop bien bouché toutes les brèches de la haie. »

Et il partit en soupirant; ce fut encore un des chevaux qui me remplaça à la charrette. De même que la semaine précédente, je sortis de ma cachette quand tout le monde fut parti; mais je trouvai plus prudent de ne pas annoncer mon retour en faisant *hi han!* comme l'autre fois.

Quand on me trouva mangeant tranquillement l'herbe dans la prairie, et quand mon maître apprit que j'étais revenu peu de temps après son départ, je vis qu'on soupçonnait quelque tour de ma façon; personne ne me fit de compliments, on me regardait d'un air méfiant, et je m'aperçus bien que j'étais surveillé plus que par le passé. Je me moquai d'eux, et je me dis en moi-même :

« Mes bons amis, vous serez bien fins si vous découvrez le tour que je vous joue; je suis plus fin que vous, et je vous attraperai encore et toujours. »

Je me cachai donc une troisième fois, bien content de ma finesse. Mais j'étais à peine blotti dans mon fossé, quand j'entendis l'aboiement formidable du gros chien de garde, et la voix de mon maître qui disait :

« Attrape-le, *Garde à vous*, hardi, hardi! descends dans le fossé, mords-lui les jarrets, amène-le! bien! bravo! mon chien; attrape, attrape, *Garde à vous!* »

Garde à vous s'était en effet élancé dans le trou, il me mordait les jarrets, le ventre; il m'aurait dévoré si je ne m'étais décidé à sauter hors du fossé; j'allais courir vers la haie et chercher à m'y frayer un passage, quand le fermier, qui m'attendait, me lança un nœud coulant et m'arrêta tout court. Il s'était armé d'un fouet, qu'il me fit rudement sentir; le chien continuait à me mordre, le maître me battait; je me repentais amèrement de ma paresse. Enfin le fermier renvoya *Garde à vous*, cessa de me battre, détacha le nœud coulant, me passa un licou, et m'emmena tout penaud et tout meurtri pour m'atteler à la charrette qui m'attendait.

Je sus depuis qu'un des enfants était resté sur la route, près de la barrière, pour m'ouvrir si je revenais; il m'avait aperçu sortant du fossé, et il l'avait dit à son père. Le petit traître!

Je lui en voulus de ce que j'appelais une méchanceté, jusqu'à ce que mes malheurs et mon expérience m'eussent rendu meilleur.

Depuis ce jour on fut bien plus sévère pour moi; on voulut m'enfermer, mais j'avais trouvé moyen d'ouvrir toutes les barrières avec mes dents; si c'était un loquet, je le levais; si c'était un bouton, je le tournais; si c'était un verrou, je le poussais. J'entrais partout, je sortais de partout.

Le fermier jurait, grondait, me battait : il devenait méchant pour moi, et moi, je l'étais de plus en plus pour lui. Je me sentais malheureux par ma faute ; je comparais ma vie misérable avec celle que je menais autrefois chez ces mêmes maîtres ; mais, au lieu de me corriger, je devenais de plus en plus entêté et méchant. Un jour, j'entrai dans le potager, je mangeai toute la salade ; un autre jour, je jetai par terre son petit garçon, qui m'avait dénoncé ; une autre fois, je bus un baquet de crème qu'on avait mis dehors pour battre du beurre. J'écrasais leurs poulets, leurs petits dindons, je mordais leurs cochons ; enfin je devins si méchant, que la maîtresse demanda à son mari de me vendre à la foire de Mamers, qui devait avoir lieu dans quinze jours. J'étais devenu maigre et misérable à force de coups et de mauvaise nourriture. On voulut, pour me mieux vendre, me mettre en bon état, comme disent les fermiers. On défendit aux gens de la ferme et aux enfants de me maltraiter ; on ne me fit plus travailler, on me nourrit très bien : je fus très heureux pendant ces quinze jours. Mon maître me mena à la foire et me vendit cent francs. En le quittant, j'aurais bien voulu lui donner un bon coup de dent, mais je craignis de faire prendre mauvaise opinion de moi à mes nouveaux maîtres, et je me contentai de lui tourner le dos avec un geste de mépris.

VII

LE MÉDAILLON

J'avais été acheté par un monsieur et une dame qui avaient une fille de douze ans toujours souffrante, et qui s'ennuyait. Elle vivait à la campagne et seule, car elle n'avait pas d'amies de son âge. Son père ne s'occupait pas d'elle; sa maman l'aimait assez, mais elle ne pouvait souffrir de lui voir aimer personne, pas même des bêtes. Pourtant, comme le médecin avait ordonné de la distraction, elle pensa que des promenades à âne l'amuseraient suffisamment. Ma petite maîtresse s'appelait Pauline; elle était triste et souvent malade; très douce, très bonne et très jolie. Tous les jours elle me montait; je la menais promener dans les jolis chemins et les jolis petits bois que je connaissais. Dans le commencement, un domestique ou une femme de chambre l'accompagnait; mais,

quand on vit combien j'étais doux, bon et soigneux pour ma petite maîtresse, on la laissa aller seule. Elle m'appela Cadichon : ce nom m'est resté.

« Va promener avec Cadichon, lui disait son père; avec un âne comme celui-là, il n'y a pas de danger; il a autant d'esprit qu'un homme, et il saura toujours te ramener à la maison. »

Nous sortions donc ensemble. Quand elle était fatiguée de marcher, je me rangeais contre une butte de terre, ou bien je descendais dans un petit fossé pour qu'elle pût monter facilement sur mon dos. Je la menais près des noisetiers chargés de noisettes; je m'arrêtais pour la laisser en cueillir à son aise. Ma petite maîtresse m'aimait beaucoup; elle me soignait, me caressait. Quand il faisait mauvais et que nous ne pouvions pas sortir, elle venait me voir dans mon écurie; elle m'apportait du pain, de l'herbe fraîche, des feuilles de salade, des carottes; elle restait avec moi longtemps, bien longtemps; elle me parlait, croyant que je ne la comprenais pas; elle me contait ses petits chagrins, quelquefois elle pleurait.

« Oh! mon pauvre Cadichon, disait-elle; tu es un âne, et tu ne peux me comprendre; et pourtant tu es mon seul ami; car à toi seul je puis dire tout ce que je pense. Maman m'aime, mais elle est jalouse; elle veut que je n'aime qu'elle; je ne connais personne de mon âge, et je m'ennuie. »

Et Pauline pleurait et me caressait. Je l'aimais aussi, et je la plaignais, cette pauvre petite. Quand

elle était près de moi, j'avais soin de ne pas bouger, de peur de la blesser avec mes pieds.

Un jour, je vis Pauline accourir vers moi toute joyeuse.

« Cadichon, Cadichon, s'écria-t-elle, maman m'a donné un médaillon de ses cheveux; je veux y ajouter des tiens, car tu es aussi mon ami; je t'aime, et j'aurai ainsi les cheveux de ceux que j'aime le plus au monde. »

En effet, Pauline coupa du poil de ma crinière, ouvrit son médaillon, et les mêla avec les cheveux de sa maman.

J'étais heureux de voir combien Pauline m'aimait; j'étais fier de voir mes poils dans un médaillon, mais je dois avouer qu'ils ne faisaient pas un joli effet; gris, durs, épais, ils faisaient paraître les cheveux de la maman rudes et affreux. Pauline ne le voyait pas; elle tournait dans tous les sens et admirait son médaillon, lorsque la maman entra.

« Qu'est-ce que tu regardes là? lui dit-elle.

— C'est mon médaillon, maman, répondit Pauline en le cachant à moitié.

LA MAMAN.

Pourquoi l'as-tu apporté ici

PAULINE.

Pour le faire voir à Cadichon.

LA MAMAN.

Quelle sottise! En vérité, Pauline, tu perds la tête avec ton Cadichon! Comme s'il pouvait com-

prendre ce que c'est qu'un médaillon de cheveux.

PAULINE.

Je vous assure, maman, qu'il comprend très bien ; il m'a léché la main quand... quand.... »

Pauline rougit et se tut.

LA MAMAN.

Eh bien ! pourquoi n'achèves-tu pas ? A quel propos Cadichon t'a-t-il léché la main ?

PAULINE, *embarrassée.*

Maman, j'aime mieux ne pas vous le dire ; j'ai peur que vous ne me grondiez.

LA MAMAN, *avec vivacité.*

Qu'est-ce donc ? Voyons ; parle. Quelle bêtise as-tu faite encore ?

PAULINE.

Ce n'est pas une bêtise, maman, au contraire.

LA MAMAN.

Alors, de quoi as-tu peur ? Je parie que tu as donné à Cadichon de l'avoine à le rendre malade.

PAULINE.

Non, je ne lui ai rien donné, au contraire.

LA MAMAN.

Comment, au contraire ! Écoute, Pauline, tu m'impatientes ; je veux que tu me dises ce que tu as fait, et pourquoi tu m'as quittée depuis près d'une heure.

En effet l'arrangement de mes poils avait été très long ; il avait fallu enlever le papier collé derrière le médaillon, ôter le verre, placer les poils, et recoller le tout.

Pauline hésita encore un instant; puis elle dit bien bas et en hésitant bien fort :

« J'ai coupé des poils de Cadichon pour....

LA MAMAN, *avec impatience.*

Pour? Eh bien! achève donc! Pour quoi faire?

PAULINE, *très bas.*

Pour mettre dans le médaillon.

LA MAMAN, *avec colère.*

Dans quel médaillon?

PAULINE.

Dans celui que vous m'avez donné.

LA MAMAN, *de même.*

Celui que je t'ai donné avec mes cheveux! Et qu'as-tu fait de mes cheveux?

— Ils y sont toujours; les voilà, répondit la pauvre Pauline en présentant le médaillon.

— Mes cheveux mêlés avec les poils de l'âne! s'écria la maman avec emportement. Ah! c'est trop fort! Vous ne méritez pas, mademoiselle, le présent que je vous ai fait. Me mettre au rang d'un âne! Témoigner à un âne la même tendresse qu'à moi! »

Et, arrachant le médaillon des mains de la malheureuse Pauline stupéfaite, elle le lança à terre, piétina dessus et le brisa en mille morceaux. Puis, sans regarder sa fille, elle sortit de l'écurie en fermant la porte avec violence.

Pauline, surprise, effrayée de cette colère subite, resta un moment immobile. Elle ne tarda pas à éclater en sanglots, et, se jetant à mon cou, elle me dit :

« Cadichon, Cadichon, tu vois comme on me traite ! On ne veut pas que je t'aime, mais je t'aimerai malgré eux et plus qu'eux, parce que toi tu es bon, tu ne me grondes jamais ; tu ne me causes jamais aucun chagrin, et tu cherches à m'amuser dans nos promenades. Hélas ! Cadichon, quel malheur que tu ne puisses ni me comprendre ni me parler ! Que de choses je te dirais ! »

Pauline se tut : et elle se jeta par terre et continua à pleurer doucement. J'étais touché et attristé de son chagrin, mais je ne pouvais la consoler ni même lui faire savoir que je la comprenais. J'éprouvais une colère furieuse contre cette mère qui, par bêtise ou par excès de tendresse pour sa fille, la rendait malheureuse. Si j'avais pu, je lui aurais fait comprendre le chagrin qu'elle causait à Pauline, le mal qu'elle faisait à cette santé si délicate, mais je ne pouvais parler, et je regardais avec tristesse couler les larmes de Pauline.

Un quart d'heure à peine s'était écoulé depuis le départ de la maman, lorsqu'une femme de chambre ouvrit la porte, appela Pauline, et lui dit :

« Mademoiselle, votre maman vous demande, elle ne veut pas que vous restiez à l'écurie de Cadichon, ni même que vous y entriez.

— Cadichon, mon pauvre Cadichon ! s'écria Pauline, on ne veut donc plus que je le voie !

— Si fait, mademoiselle, mais seulement quand vous irez en promenade ; votre maman dit que votre place est au salon et pas à l'écurie. »

Pauline ne répliqua pas, elle savait que sa maman voulait être obéie; elle m'embrassa une dernière fois; je sentis couler ses larmes sur mon cou. Elle sortit et ne rentra plus. Depuis ce temps,

Elle lança à terre le médaillon et piétina dessus. (Page 63.)

Pauline devint plus triste et plus souffrante; elle toussait; je la voyais pâlir et maigrir. Le mauvais temps rendait nos promenades plus rares et moins longues. Quand on m'amenait devant le perron du château, Pauline montait sur mon dos sans me

parler ; mais, quand nous étions hors de vue, elle sautait à terre, me caressait, et me racontait ses chagrins de tous les jours pour soulager son cœur, et pensant que je ne pouvais la comprendre. C'est ainsi que j'appris que sa maman était restée de mauvaise humeur et maussade depuis l'aventure du médaillon ; que Pauline s'ennuyait et s'attristait plus que jamais, et que la maladie dont elle souffrait devenait tous les jours plus grave.

VIII

L'INCENDIE

Un soir que je commençais à m'endormir, je fus réveillé par des cris : *Au feu !* Inquiet, effrayé, je cherchai à me débarrasser de la courroie qui me retenait ; mais, j'eus beau tirer, me rouler à terre, la maudite courroie ne cassait pas. J'eus enfin l'heureuse idée de la couper avec mes dents : j'y parvins après quelques efforts. La lueur de l'incendie éclairait ma pauvre écurie ; les cris, le bruit augmentaient ; j'entendais les lamentations des domestiques, le craquement des murs, des planchers qui s'écroulaient, le ronflement des flammes ; la fumée pénétrait déjà dans mon écurie, et personne ne songeait à moi ; personne n'avait la charitable pensée d'ouvrir seulement ma porte pour me faire échapper. Les flammes augmentaient de violence ; je sentais une chaleur incommode qui commençait à me suffoquer.

« C'est fini, me dis-je, je suis condamné à brûler vif ; quelle mort affreuse ! Oh ! Pauline ! ma chère maîtresse ! vous avez oublié votre pauvre Cadichon. »

A peine avais-je, non pas prononcé, mais pensé ces paroles, que ma porte s'ouvrit avec violence, et j'entendis la voix terrifiée de Pauline qui m'appelait. Heureux d'être sauvé, je m'élançai vers elle, et nous allions passer la porte, lorsqu'un craquement épouvantable nous fit reculer. Un bâtiment en face de mon écurie s'était écroulé ; ses débris bouchaient tout passage : ma pauvre maîtresse devait périr pour avoir voulu me délivrer. La fumée, la poussière de l'éboulement et la chaleur nous suffoquaient. Pauline se laissa tomber près de moi. Je pris subitement un parti dangereux, mais qui seul pouvait nous sauver. Je saisis avec mes dents la robe de ma petite maîtresse presque évanouie, et je m'élançai à travers les poutres enflammées qui couvraient la terre. J'eus le bonheur de tout traverser sans que sa robe prît feu ; je m'arrêtai pour voir de quel côté je devais me diriger, tout brûlait autour de nous. Désespéré, découragé, j'allais poser à terre Pauline complètement évanouie, lorsque j'aperçus une cave ouverte ; je m'y précipitai, sachant bien que nous serions en sûreté dans les caves voûtées du château. Je déposai Pauline près d'un baquet plein d'eau, afin qu'elle pût s'en mouiller le front et les tempes en revenant à elle, ce qui ne tarda pas à arriver. Quand elle se vit

sauvée et à l'abri de tout danger, elle se jeta à genoux, et fit une prière touchante pour remercier Dieu de l'avoir préservée d'un si terrible danger. Ensuite elle me remercia avec une tendresse et une reconnaissance qui m'attendrirent. Elle but quelques gorgées de l'eau du baquet et écouta. Le feu continuait ses ravages, tout brûlait ; on entendait encore quelques cris, mais vaguement, et sans pouvoir reconnaître les voix.

« Pauvre maman et pauvre papa ! dit Pauline, ils doivent croire que j'ai péri en leur désobéissant, en allant à la recherche de Cadichon. Maintenant il faut attendre que le feu soit éteint. Nous passerons sans doute la nuit dans la cave. Bon Cadichon, ajouta-t-elle, c'est grâce à toi que je vis. »

Elle ne parla plus ; elle s'était assise sur une caisse renversée, et je vis qu'elle dormait. Sa tête était appuyée sur un tonneau vide. Je me sentais fatigué, et j'avais soif. Je bus l'eau du baquet ; je m'étendis près de la porte, et je ne tardai pas à m'endormir de mon côté.

Je me réveillai au petit jour. Pauline dormait encore. Je me levai doucement ; j'allai à la porte, que j'entr'ouvris ; tout était brûlé, et tout était éteint ; on pouvait facilement enjamber les décombres et arriver en dehors de la cour du château. Je fis un léger *hi! han!* pour éveiller ma maîtresse. En effet, elle ouvrit les yeux, et, me voyant près de la porte, elle y courut et regarda autour d'elle.

« Tout brûlé! dit-elle tristement. Tout perdu! Je ne verrai plus le château, je serai morte avant qu'il soit rebâti, je le sens; je suis faible et malade, très malade, quoi qu'en dise maman....

« Viens, mon Cadichon, continua-t-elle après être restée quelques instants pensive et immobile; viens, sortons maintenant; il faut que je trouve maman et papa pour les rassurer. Ils me croient morte! »

Elle franchit légèrement les pierres tombées, les murs écroulés, les poutres encore fumantes. Je la suivais; nous arrivâmes bientôt sur l'herbe; là elle monta sur mon dos, et je me dirigeai vers le village. Nous ne tardâmes pas à trouver la maison où s'étaient réfugiés les parents de Pauline; croyant leur fille perdue, ils étaient dans un grand chagrin.

Quand ils l'aperçurent, ils poussèrent un cri de joie et s'élancèrent vers elle. Elle leur raconta avec quelle intelligence et quel courage je l'avais sauvée.

Au lieu de courir à moi, me remercier, me caresser, la mère me regarda d'un œil indifférent; le père ne me regarda pas du tout.

« C'est grâce à lui que tu as manqué de périr, ma pauvre enfant, dit la mère. Si tu n'avais pas eu la folle pensée d'aller lui ouvrir son écurie et le détacher, nous n'aurions pas passé une nuit de désolation, ton père et moi.

— Mais, reprit vivement Pauline, c'est lui qui m'a....

La fièvre la prit dans la journée. (Page 73.)

— Tais-toi, tais-toi, dit la mère en l'interrompant ; ne me parle plus de cet animal que je déteste, et qui a manqué causer ta mort. »

Pauline soupira, me regarda avec douleur et se tut.

Depuis ce jour, je ne l'ai plus revue. La frayeur que lui avait causée l'incendie, la fatigue d'une nuit passée sans se coucher, et surtout le froid de la cave, augmentèrent le mal qui la faisait souffrir depuis longtemps. La fièvre la prit dans la journée et ne la quitta plus. On la mit dans un lit dont elle ne devait pas se relever. Le refroidissement de la nuit précédente acheva ce que la tristesse et l'ennui avaient commencé ; sa poitrine, déjà malade, s'engagea tout à fait ; elle mourut au bout d'un mois, ne regrettant pas la vie, ne craignant pas la mort. Elle parlait souvent de moi, et m'appelait dans son délire. Personne ne s'occupa de moi ; je mangeais ce que je trouvais, je couchais dehors malgré le froid et la pluie. Quand je vis sortir de la maison le cercueil qui emportait le corps de ma pauvre petite maîtresse, je fus saisi de douleur, je quittai le pays et je n'y suis jamais revenu depuis.

IX

LA COURSE D'ÂNES

Je vivais misérablement à cause de la saison; j'avais choisi pour demeure une forêt, où je trouvais à peine ce qu'il fallait pour m'empêcher de mourir de faim et de soif. Quand le froid faisait geler les ruisseaux, je mangeais de la neige; pour toute nourriture je broutais des chardons et je couchais sous les sapins. Je comparais ma triste existence avec celle que j'avais menée chez mon maître Georget et même chez le fermier auquel on m'avait vendu; j'y avais été heureux tant que je ne m'étais pas laissé aller à la paresse, à la méchanceté, à la vengeance; mais je n'avais aucun moyen de sortir de cet état misérable, car je voulais rester libre et maître de mes actions. J'allais quelquefois aux environs d'un village situé près de la forêt, pour savoir ce qui se passait dans le monde. Un jour,

c'était au printemps, le beau temps était revenu, je fus surpris de voir un mouvement extraordinaire; le village avait pris un air de fête; on marchait par bandes; chacun avait ses beaux habits des dimanches, et, ce qui m'étonna plus encore, tous les ânes du pays y étaient rassemblés. Chaque âne avait un maître qui le tenait par la bride; ils étaient tous peignés, brossés; plusieurs avaient des fleurs sur la tête, autour du cou, et aucun n'avait ni bât ni selle.

« C'est singulier! pensai-je. Il n'y a pourtant pas de foire aujourd'hui. Que peuvent faire ici tous mes camarades, nettoyés, pomponnés? Et comme ils sont dodus! On les a bien nourris cet hiver. »

En achevant ces mots, je me regardai; je vis mon dos, mon ventre, ma croupe, maigres, mal peignés, les poils hérissés, mais je me sentais fort et vigoureux.

« J'aime mieux, pensais-je, être laid, mais leste et bien portant; mes camarades, que je vois si beaux, si gras, si bien soignés, ne supporteraient pas les fatigues et les privations que j'ai endurées tout l'hiver. »

Je m'approchai pour savoir ce que voulait dire cette réunion d'ânes, lorsqu'un des jeunes garçons qui les tenaient m'aperçut et se mit à rire.

« Tiens! s'écria-t-il; voyez donc, camarades, le bel âne qui nous arrive. Est-il bien peigné!

— Et bien soigné, et bien nourri! s'écria un autre. Vient-il pour la course?

— Ah! s'il y tient, faudra le laisser courir, dit un troisième; il n'y a pas de danger qu'il gagne le prix. »

Un rire général accueillit ces paroles. J'étais contrarié, mécontent des plaisanteries bêtes de ces garçons, pourtant j'appris qu'il s'agissait d'une course. Mais quand, comment devait-elle se faire? C'est ce que je voulais savoir, et je continuai à

« On les a bien nourris cet hiver. » (Page 76.)

écouter et à faire semblant de ne rien comprendre de ce qu'ils disaient.

« Va-t-on bientôt partir? demanda un des jeunes gens.

— Je n'en sais rien, on attend le maire.

— Où allez-vous faire courir vos ânes? dit une bonne femme qui arrivait.

JEANNOT.

Dans la grande prairie du moulin, mère Tranchet.

MÈRE TRANCHET.

Combien êtes-vous d'ânes ici présents?

JEANNOT.

Nous sommes seize sans vous compter, mère Tranchet. »

Un nouveau rire accueillit cette plaisanterie.

MÈRE TRANCHET, *riant*.

Tiens, t'es un malin, toi. Et que doit gagner le premier arrivé?

JEANNOT.

D'abord l'honneur, et puis une montre d'argent.

MÈRE TRANCHET.

Je serais bien aise d'être une bourrique pour gagner la montre; je n'ai jamais eu de quoi en avoir une.

JEANNOT.

Ah bien! si vous aviez amené un bourri, vous auriez couru... la chance.

Et tous de rire de plus belle.

MÈRE TRANCHET.

Où veux-tu que je prenne un bourri? Est-ce que j'ai jamais eu de quoi en nourrir et de quoi en payer un?

Cette bonne femme me plaisait; elle avait l'air bon et gai : j'eus l'idée de lui faire gagner la montre. J'étais bien habitué à courir; tous les jours dans la forêt je faisais de longues courses pour me réchauffer, et j'avais eu jadis la réputation de courir aussi vite et aussi longtemps qu'un cheval.

« Voyons, me dis-je, essayons ; si je perds, je n'y perdrai rien ; si je gagne, je ferai gagner une montre à la mère Tranchet, qui en a bonne envie. »

Je partis au petit trot, et j'allai me placer à côté du dernier âne ; je pris un air fier et je me mis à braire avec vigueur.

« Holà, holà ! l'ami, s'écria André, vas-tu finir ta musique ? Décampe, bourri, tu n'as pas de maître, tu es trop mal peigné, tu ne peux pas courir. »

Je me tus, mais je ne bougeai pas de ma place. Les uns riaient, les autres se fâchaient ; on commençait à se quereller lorsque la mère Tranchet s'écria :

« S'il n'a pas de maître, il va avoir une maîtresse ; je le reconnais maintenant. C'est Cadichon, l'âne de c'te pauvre mam'selle Pauline ; ils l'ont chassé quand la petite ne s'est plus trouvée là pour le protéger, et je crois bien qu'il a vécu tout l'hiver dans la forêt, car personne ne l'a revu depuis. Je le prends donc aujourd'hui à mon service ; il va courir pour moi.

— Tiens, c'est Cadichon ! s'écria-t-on de tous côtés ; j'en ai entendu parler de ce fameux Cadichon.

JEANNOT.

Mais, si vous faites courir pour vous, mère Tranchet, il faut tout de même déposer dans le sac du maire une pièce blanche de cinquante centimes.

MÈRE TRANCHET.

Qu'à cela ne tienne, mes enfants. Voici ma pièce,

ajouta-t-elle en dénouant un coin de son mouchoir; mais... faut pas m'en demander d'autres, car je n'en ai pas beaucoup.

JEANNOT.

Ah bien! si vous gagnez, vous n'en manquerez pas, car tout le village a mis au sac : il y a plus de cent francs. »

J'approchai de la mère Tranchet, et je fis une pirouette, un saut, une ruade d'un air si délibéré que les jeunes garçons commencèrent à craindre de me voir gagner le prix.

« Ecoute, Jeannot, dit André tout bas, tu as eu tort de laisser la mère Tranchet mettre au sac. La voilà maintenant qui a droit de faire courir Cadichon, et il m'a l'air alerte et disposé à nous souffler la montre et l'argent.

JEANNOT.

Ah bah! que t'es nigaud! Tu ne vois donc pas la figure qu'il a, ce pauvre Cadichon! Il va nous faire rire; il n'ira pas loin, va.

ANDRÉ.

Je n'en sais rien. Si je lui présentais de l'avoine pour le faire partir?

JEANNOT.

Et les dix sous de la mère Tranchet, donc?

ANDRÉ.

Eh bien, l'âne parti, on les lui rendrait.

JEANNOT.

Au fait, Cadichon n'est pas plus à elle qu'à moi ou à toi. Va chercher un picotin, et tâche de le

faire partir sans que la mère Tranchet s'en aperçoive. »

J'avais tout entendu et tout compris; aussi,

« Voici ma pièce. »

quand André revint avec un picotin d'avoine dans son tablier, au lieu d'aller à lui, je me rapprochai de la mère Tranchet, qui causait avec

des amis. André me suivit; Jeannot me prit par les oreilles et me fit tourner la tête, croyant que je ne voyais pas l'avoine. Je ne bougeai pas davantage, malgré l'envie que j'avais d'y goûter. Jeannot commença à me tirer, André à me pousser, et moi je me mis à braire de ma plus belle voix. La mère Tranchet se retourna et vit la manœuvre d'André et de Jeannot.

« Ce n'est pas bien ce que vous faites là, mes garçons. Puisque vous m'avez fait mettre ma pauvre pièce blanche au sac de course, faut pas m'enlever Cadichon. Vous avez peur de lui, à ce qu'il me semble.

ANDRÉ.

Peur! d'un sale bourri comme ça? Ah! pour ça non, nous n'avons pas peur.

MÈRE TRANCHET.

Et pourquoi que vous le tiriez pour l'emmener?

ANDRÉ.

C'était pour lui donner un picotin.

MÈRE TRANCHET, *d'un air moqueur.*

C'est différent! c'est gentil, ça. Versez-lui ça par terre, qu'il mange à son aise. Et moi qui croyais que vous vouliez lui donner un picotin de malice! Voyez pourtant comme on se trompe. »

André et Jeannot étaient honteux et mécontents, mais ils n'osaient pas le faire voir. Leurs camarades riaient de les voir attrapés; la mère Tranchet se frottait les mains, et moi j'étais enchanté. Je mangeais mon avoine avec avidité, je

sentais que je prenais des forces en la mangeant; j'étais content de la mère Tranchet, et, quand j'eus tout avalé, je devins impatient de partir. Enfin il se fit un grand tumulte; le maire venait donner l'ordre de placer les ânes. On les rangea tous en ligne; je me mis modestement le dernier.

J'approchai de la mère Tranchet. (Page 80.)

Quand je parus seul, chacun demanda qui j'étais, à qui j'appartenais.

« A personne, dit André.

— A moi! cria la mère Tranchet.

LE MAIRE.

Il fallait mettre au sac de course, mère Tranchet.

MÈRE TRANCHET.

J'y ai mis, monsieur le maire.

— Bon, inscrivez la mère Tranchet, dit le maire.

— C'est déjà fait, monsieur le maire, répondit le greffier.

— C'est bien, reprit le maire. Tout est-il prêt? Un, deux, trois! Partez! »

Les garçons qui tenaient les ânes lâchèrent chacun le sien en lui donnant un grand coup de fouet. Tous partirent. Bien que personne ne m'eût retenu, j'attendis honnêtement mon tour pour me mettre à courir. Tous avaient donc un peu d'avance sur moi. Mais ils n'avaient pas fait cent pas que je les avais rattrapés. Me voici à la tête de la bande, les devançant sans me donner beaucoup de mal. Les garçons criaient, faisaient claquer leurs fouets pour exciter leurs ânes. Je me retournais de temps en temps pour voir leurs mines effarées, pour contempler mon triomphe et pour rire de leurs efforts. Mes camarades, furieux d'être distancés par moi, pauvre inconnu à mine piteuse, redoublèrent d'efforts pour me joindre, me devancer et se barrer le passage les uns aux autres; j'entendais derrière moi des cris sauvages, des ruades, des coups de dents; deux fois je fus atteint, presque dépassé par l'âne de Jeannot. J'aurais dû me servir des mêmes moyens qu'il avait employés pour devancer mes camarades, mais je dédaignais ces indignes manœuvres; je vis pourtant qu'il me fallait ne rien négliger pour ne pas être battu. D'un élan vigoureux je dépassai mon rival; au moment même il me saisit par la queue; la douleur manqua me faire tomber, mais l'honneur de vaincre me donna le courage de m'arracher à sa dent, en y laissant un morceau

Au moment même il me saisit par la queue. (Page 84.)

de ma queue. Le désir de la vengeance me donna des ailes. Je courus avec une telle vitesse, que j'arrivai au but non seulement le premier, mais laissant au loin derrière moi tous mes rivaux. J'étais haletant, épuisé, mais heureux et triomphant. J'écoutai avec bonheur les applaudissements des milliers de spectateurs qui bordaient la prairie. Je pris un air vainqueur et je revins fièrement au pas jusqu'à la tribune du maire, qui devait donner le prix. La bonne femme Tranchet s'avança vers moi, me caressa et me promit une bonne mesure d'avoine. Elle tendait la main pour recevoir la montre et le sac d'argent que le maire allait lui remettre, lorsque André et Jeannot accoururent en criant :

« Arrêtez, monsieur le maire, arrêtez; ce n'est pas juste, ça. Personne ne connaît cet âne; il n'appartient pas plus à la mère Tranchet qu'au premier venu; cet âne ne compte pas, c'est le mien qui est arrivé le premier avec celui de Jeannot; la montre et le sac doivent être pour nous.

— Est-ce que la mère Tranchet n'a pas mis sa pièce au sac de course?

— Si fait, monsieur le maire, mais....

— Quelqu'un s'y est-il opposé quand elle y a mis?

— Non, monsieur le maire, mais....

— Est-ce qu'au moment du départ vous vous y êtes opposés?

— Non, monsieur le maire, mais....

— L'âne de la mère Tranchet a donc bien réellement gagné montre et sac.

— Monsieur le maire, rassemblez le conseil municipal pour juger la question; vous n'avez pas droit tout seul. »

Le maire parut indécis; quand je vis qu'il hésitait, je saisis d'un mouvement brusque la montre et le sac avec mes dents et je les déposai dans les mains de la mère Tranchet, qui, inquiète, tremblante, attendait la décision du maire.

Cette action intelligente mit les rieurs de notre côté, et me valut des tonnerres d'applaudissements.

« Voilà la question tranchée par le vainqueur en faveur de la mère Tranchet, dit le maire en riant. Messieurs du conseil municipal, allons délibérer à table si j'étais dans mon droit en laissant faire justice par un âne. Mes amis, ajouta-t-il malicieusement en regardant André et Jeannot, je crois que le plus âne de nous n'est pas celui de la mère Tranchet.

— Bravo! bravo! monsieur le maire », cria-t-on de tous côtés.

Et tout le monde de rire, excepté André et Jeannot, qui s'en allèrent en me montrant le poing.

Et moi donc, étais-je content? Non, mon orgueil se révoltait; je trouvai que le maire avait été insolent à mon égard en croyant injurier mes ennemis quand il les avait qualifiés d'ânes. C'était

Je saisis la montre et le sac avec mes dents. (Page 88.)

ingrat, c'était lâche. J'avais eu du courage, de la modération, de la patience, de l'esprit; et voilà quelle était ma récompense! Après m'avoir insulté, on m'abandonnait. La mère Tranchet même, dans sa joie d'avoir une montre et cent trente-cinq francs, oubliait son bienfaiteur, ne pensait plus à sa promesse de me régaler d'une bonne mesure d'avoine, et partait avec la foule sans me donner la récompense que j'avais si bien gagnée.

X

LES BONS MAÎTRES

Je restai donc seul dans le pré; j'étais triste, ma queue me faisait souffrir. Je me demandais si les ânes n'étaient pas meilleurs que les hommes, lorsque je sentis une main douce me caresser, et j'entendis une voix non moins douce me dire :

« Pauvre âne! on a été méchant pour toi! Viens, pauvre bête, viens chez grand'mère; elle te fera nourrir et soigner mieux que tes méchants maîtres. Pauvre âne! comme tu es maigre! »

Je me retournai; je vis un joli petit garçon de cinq ans; sa sœur, qui paraissait âgée de trois ans, accourait avec sa bonne.

JEANNE.

Jacques, qu'est-ce que tu dis à ce pauvre âne?

JACQUES.

Je lui dis de venir demeurer chez grand'mère : il est tout seul, pauvre bête!

JEANNE.

Oui, Jacques, prends-le; attends, je vais monter à dos. Ma bonne, ma bonne, à dos de l'âne.

La bonne mit la petite fille sur mon dos; Jacques voulait me mener, mais je n'avais pas de brides.

« Attendez, ma bonne, dit-il, je vais lui attacher mon mouchoir au cou. »

Le petit Jacques essaya, mais j'avais le cou trop gros pour son petit mouchoir : sa bonne lui donna le sien, qui était encore trop court.

« Comment faire, ma bonne? dit Jacques prêt à pleurer.

LA BONNE.

Allons au village demander un licou ou une corde. Viens, ma petite Jeanne, descends de dessus l'âne.

JEANNE, *se cramponnant à mon cou.*

Non, je ne veux pas descendre; je veux rester sur l'âne, je veux qu'il me mène à la maison.

LA BONNE.

Mais nous n'avons pas de licou pour le faire avancer. Tu vois bien qu'il ne bouge pas plus qu'un âne de pierre.

JACQUES.

Attendez, ma bonne, vous allez voir. D'abord je sais qu'il s'appelle Cadichon : la mère Tranchet me l'a dit. Je vais le caresser, l'embrasser, et je crois qu'il me suivra.

Jacques s'approcha de mon oreille et me dit tout bas, en me caressant :

« Marche, mon petit Cadichon ; je t'en prie, marche. »

La confiance de ce bon petit garçon me toucha ; je remarquai avec plaisir qu'au lieu de demander un bâton pour me faire avancer, il n'avait songé qu'aux moyens de douceur et d'amitié. Aussi, à peine avait-il achevé sa phrase et sa petite caresse, que je me mis en marche.

« Vous voyez, ma bonne, il me comprend, il m'aime ! s'écria Jacques, rouge de joie, les yeux brillants de bonheur, et courant en avant pour me montrer le chemin.

LA BONNE.

Est-ce qu'un âne peut comprendre quelque chose ? il marche parce qu'il s'ennuie ici.

JACQUES.

Mais, ma bonne, vous voyez qu'il me suit.

LA BONNE.

Parce qu'il sent le pain que tu as dans ta poche.

JACQUES.

Vous croyez qu'il a faim, ma bonne ?

LA BONNE.

Probablement ; vois comme il est maigre.

JACQUES.

C'est vrai ! pauvre Cadichon ! et moi qui ne pensais pas à lui donner mon pain ! »

Et, tirant aussitôt de sa poche le morceau que

la bonne y avait mis pour son goûter, il me le présenta.

J'avais été offensé de la méchante pensée de la bonne, et je fus bien aise de lui prouver qu'elle m'avait mal jugé, que ce n'était pas par intérêt que je suivais Jacques, et que je portais Jeanne sur mon dos par complaisance, par bonté.

Je refusai donc le pain que m'offrait le bon petit Jacques et je me contentai de lui lécher la main.

JACQUES.

Ma bonne, ma bonne, il me baise la main, s'écria Jacques ; il ne veut pas de mon pain ! Mon cher petit Cadichon, comme je t'aime ! Vous voyez bien, ma bonne, qu'il me suit parce qu'il m'aime ; ce n'est pas pour avoir du pain.

LA BONNE.

Tant mieux pour toi si tu crois avoir un âne comme on n'en voit pas, un âne modèle. Moi, je sais que les ânes sont tous entêtés et méchants, je ne les aime pas.

JACQUES.

Oh ! ma bonne, le pauvre Cadichon n'est pas méchant, voyez comme il est bon pour moi.

LA BONNE.

Nous verrons bien si cela durera.

— N'est-ce pas, mon Cadichon, que tu seras toujours bon pour moi et pour Jeanne ? dit le petit Jacques en me caressant.

Je me tournai vers lui et le regardai d'un air si

doux qu'il le remarqua malgré sa grande jeunesse ; puis je me tournai vers la bonne et lui lançai un regard furieux, qu'elle vit bien aussi, car elle dit aussitôt :

« Comme il a l'œil mauvais ! il a l'air méchant ; il me regarde comme s'il voulait me dévorer !

— Oh ! ma bonne, dit Jacques, comment pouvez-vous dire cela ? Il me regarde d'un air doux comme s'il voulait m'embrasser ! »

Tous deux avaient raison, et moi je n'avais pas tort ; je me promis d'être excellent pour Jacques, Jeanne et les personnes de la maison qui seraient bonnes pour moi ; et j'eus la mauvaise pensée d'être méchant pour ceux qui me maltraiteraient ou qui m'insulteraient comme l'avait fait la bonne. Ce besoin de vengeance fut plus tard la cause de mes malheurs.

Tout en causant, nous marchions toujours et nous arrivâmes bientôt au château de la grand'mère de Jacques et de Jeanne. On me laissa à la porte, où je restai comme un âne bien élevé, sans bouger, sans même goûter à l'herbe qui bordait le chemin sablé.

Deux minutes après, Jacques reparut, traînant après lui sa grand'mère.

« Venez voir, grand'mère, venez voir comme il est doux, comme il m'aime ! Ne croyez pas ma bonne, je vous en prie, dit Jacques en joignant les mains.

— Non, grand'mère, croyez pas, je vous en prie, reprit Jeanne.

— Voyons, dit la grand'mère en souriant, voyons ce fameux âne! »

Et, s'approchant de moi, elle me toucha, me caressa, me prit les oreilles, mit sa main à ma bouche sans que je fisse mine de la mordre ou même de m'éloigner.

LA GRAND'MÈRE.

Mais il a en effet l'air fort doux; que disiez-vous donc, Émilie, qu'il avait l'air méchant?

JACQUES.

N'est-ce pas, grand'mère, n'est-ce pas qu'il est bon, qu'il faut le garder?

LA GRAND'MÈRE.

Cher petit, je le crois très bon; mais comment pouvons-nous le garder, puisqu'il n'est pas à nous? Il faudra le ramener à son maître.

JACQUES.

Il n'a pas de maître, grand'mère.

— Bien sûr il n'a pas de maître, grand'mère, reprit Jeanne, qui répétait tout ce que disait son frère.

LA GRAND'MÈRE.

Comment, pas de maître? c'est impossible.

JACQUES.

Si, grand'mère, c'est très vrai, la mère Tranchet me l'a dit.

LA GRAND'MÈRE.

Alors, comment a-t-il gagné le prix de la course pour elle? Puisqu'elle l'a pris pour courir, c'est qu'elle l'a emprunté à quelqu'un.

JACQUES.

Non, grand'mère, il est venu tout seul; il a voulu courir avec les autres. La mère Tranchet a payé pour prendre ce qu'il gagnerait, mais il n'a pas de maître : c'est CADICHON, l'âne de la pauvre Pauline qui est morte; ses parents l'ont chassé, et il a vécu tout l'hiver dans la forêt.

LA GRAND'MÈRE.

Cadichon! le fameux Cadichon qui a sauvé de l'incendie sa petite maîtresse? Ah! je suis bien aise de le connaître; c'est vraiment un âne extraordinaire et admirable!

Et, tournant tout autour de moi, elle me regarda longtemps. J'étais fier de voir ma réputation si bien établie; je me rengorgeais, j'ouvrais les narines, je secouais ma crinière.

« Comme il est maigre! Pauvre bête! Il n'a pas été récompensé de son dévouement, dit la grand'mère d'un air sérieux et d'un ton de reproche. Gardons-le, mon enfant, gardons-le puisqu'il a été abandonné, chassé par ceux qui auraient dû le soigner et l'aimer. Appelle Bouland; je le ferai mettre à l'écurie avec une bonne litière. »

Jacques, enchanté, courut chercher Bouland, qui arriva tout de suite.

LA GRAND'MÈRE.

Bouland, voici un âne que les enfants ont ramené; mettez-le à l'écurie et donnez-lui à boire et à manger.

BOULAND.

Faudra-t-il le remettre à son maître ensuite?

LA GRAND'MÈRE.

Non; il n'a pas de maître. Il paraît que c'est le fameux Cadichon, qui a été chassé après la mort de sa petite maîtresse; il est venu au village, et mes petits-enfants l'ont trouvé abandonné dans le pré. Ils l'ont ramené, et nous le garderons.

BOULAND.

Et madame fait bien de le garder. Il n'y a pas son pareil dans tout le pays. On m'a raconté de lui des choses vraiment étonnantes; on dirait qu'il entend et qu'il comprend tout ce qui se dit. Madame va voir.... Viens, mon Cadichon, viens manger ton picotin d'avoine.

Je me retournai aussitôt, et je suivis Bouland qui s'en allait.

« C'est étonnant, dit la grand'mère, il a vraiment compris. »

Elle rentra à la maison; Jacques et Jeanne voulurent m'accompagner à l'écurie. On me plaça dans une stalle; j'avais pour compagnons deux chevaux et un âne. Bouland, aidé de Jacques, me fit une belle litière; il alla me chercher une mesure d'avoine.

« Encore, encore, Bouland, je vous en prie, dit Jacques; il lui en faut beaucoup, il a tant couru!

BOULAND.

Mais, monsieur Jacques, si vous lui donnez trop d'avoine, vous le rendrez trop vif; vous ne pourrez pas le monter, ni Mlle Jeanne non plus.

JACQUES.

Oh! il est si bon! nous pourrons le monter tout de même. »

On me donna une énorme mesure d'avoine, et l'on mit près de moi un seau plein d'eau. J'avais soif, je commençai par boire la moitié du seau; puis je croquai mon avoine, en me réjouissant d'avoir été emmené par ce bon petit Jacques. Je fis encore quelques réflexions sur l'ingratitude de la mère Tranchet; je mangeai ma botte de foin, je m'étendis sur ma paille; je me trouvai couché comme un roi et je m'endormis.

XI

CADICHON MALADE

Le lendemain, je n'eus d'autre occupation que de promener les enfants pendant une heure. Jacques venait me donner lui-même mon avoine, et, malgré les observations de Rouland, il m'en donnait de quoi nourrir trois ânes de ma taille. Je mangeais tout; j'étais content. Mais... le troisième jour, je me sentis mal à l'aise; j'avais la fièvre; je souffrais de la tête et de l'estomac; je ne pus manger ni avoine ni foin, et je restai étendu sur ma paille.

Quand Jacques vint me voir :

« Tiens, dit-il, Cadichon est encore couché! Allons, mon Cadichon, il est temps de te lever; je vais te donner ton avoine. »

Je cherchai à me lever, mais ma tête retomba lourdement sur la paille.

« Ah! mon Dieu! Cadichon est malade, s'écria le petit Jacques; Bouland, Bouland, venez vite. Cadichon est malade.

— Tiens, qu'est-ce qu'il a donc? reprit Bouland. Il a pourtant eu son déjeuner de grand matin. »

Il s'approcha de la mangeoire, regarda dedans et dit :

« Il n'a pas touché à son avoine; c'est qu'il est malade.... Il a les oreilles chaudes, ajouta-t-il en me prenant les oreilles; son flanc bat.

— Qu'est-ce que cela veut dire, Bouland? s'écria le pauvre Jacques alarmé.

— Cela veut dire, monsieur Jacques, que Cadichon a la fièvre, que vous l'avez trop nourri, et qu'il faut faire venir le vétérinaire.

— Qu'est-ce que c'est qu'un *vétérinaire*? reprit Jacques de plus en plus effrayé.

— C'est un médecin de chevaux. Voyez-vous, monsieur Jacques, je vous le disais bien. Ce pauvre âne a eu de la misère; il a souffert cet hiver, cela se voit bien à son poil et à sa maigreur. Puis il s'est échauffé à courir très fort le jour de la course des ânes. Il aurait fallu lui donner peu d'avoine, et de l'herbe pour le rafraîchir, et vous lui donniez de l'avoine tant qu'il en voulait.

— Mon Dieu! mon Dieu! mon pauvre Cadichon!... il va mourir! Et c'est ma faute! dit le pauvre petit en sanglotant.

— Non, monsieur Jacques, il ne va pas mourir

pour cela; mais il va falloir le mettre à l'herbe et le saigner.

— Ça va lui faire mal de le saigner, reprit Jacques pleurant toujours.

— Pour ça non, vous allez voir; je vais le saigner tout de suite en attendant le vétérinaire.

— Je ne veux pas voir, je ne veux pas voir, s'écria Jacques en se sauvant. Je suis sûr que cela lui fera mal. »

Et il partit en courant. Pendant ce temps, Bouland prit sa lancette, me la posa sur une veine du cou, la frappa d'un petit coup de marteau, et le sang jaillit aussitôt. A mesure que le sang coulait, je me sentais soulagé; ma tête n'était plus si lourde; je n'étouffais plus; je fus bientôt en état de me relever. Bouland arrêta le sang, me donna de l'eau de son, et une heure après me lâcha dans un pré. J'allais mieux, mais je n'étais pas guéri; je fus près de huit jours à me remettre. Pendant ce temps, Jacques et Jeanne me soignèrent avec une bonté que je n'oublierai jamais : ils venaient me voir plusieurs fois par jour; ils me cueillaient de l'herbe afin de m'éviter la peine de me baisser pour la brouter; ils m'apportaient des feuilles de salade du potager, des choux, des carottes, ils me faisaient rentrer eux-mêmes tous les soirs dans mon écurie, et je trouvais ma mangeoire pleine des choses que j'aimais le mieux, des épluchures de pommes de terre avec du sel. Un jour, ce bon petit Jacques voulut me donner son oreiller, parce que,

disait-il, j'avais la tête trop basse quand je dormais. Une autre fois, Jeanne voulut me couvrir avec le couvre-pied de son lit pour me tenir chaud la nuit. Un autre jour, ils me mirent des morceaux de laine autour des jambes, de crainte que je n'eusse froid. J'étais désolé de ne pouvoir leur témoigner ma reconnaissance, mais j'avais le malheur de tout comprendre et de ne pouvoir rien dire. Je me rétablis à la fin, et je sus qu'on projetait une partie d'ânes dans la forêt avec les cousins et cousines.

XII

LES VOLEURS

Tous les enfants se trouvaient réunis dans la cour; beaucoup d'ânes avaient été rassemblés de tous les villages voisins. Je reconnus presque tous ceux de la course; celui de Jeannot me regardait d'un air farouche, tandis que je lui lançais des regards moqueurs. La grand'mère de Jacques avait chez elle presque tous ses petits-enfants : Camille, Madeleine, Élisabeth, Henriette, Jeanne, Pierre, Henri, Louis et Jacques. Les mamans de tous ces enfants devaient venir avec eux à âne, tandis que les papas suivraient à pied, armés de baguettes, pour faire marcher les paresseux. Avant de partir, on se querella un peu, comme il arrive toujours, à qui prendrait le meilleur âne : tout le monde voulait m'avoir, personne ne voulait me céder, de sorte qu'on résolut de me tirer au sort. Je tombai

en partage au petit Louis, cousin de Jacques ; c'était un excellent petit garçon, et j'aurais été très content de mon sort, si je n'avais vu le pauvre petit Jacques essuyer en cachette ses yeux pleins de larmes. Chaque fois qu'il me regardait, ses larmes débordaient ; il me faisait de la peine, mais je ne pouvais le consoler ; il fallait bien, d'ailleurs, qu'il apprît comme moi la résignation et la patience. Il finit par prendre son parti, et monta son âne en disant au cousin Louis :

« Je resterai toujours près de toi, Louis ; ne fais pas trop galoper Cadichon, pour que je ne reste pas en arrière.

LOUIS.

Et pourquoi resterais-tu en arrière ? pourquoi ne galoperais-tu pas comme moi ?

JACQUES.

Parce que Cadichon galope plus vite que tous les ânes du pays.

LOUIS.

Comment sais-tu cela ?

JACQUES.

Je les ai vus courir pour gagner le prix le jour de la fête du village, et Cadichon les a tous dépassés. »

Louis promit à son cousin qu'il n'irait pas trop vite, et tous deux partirent au trot. Mon camarade n'était pas mauvais, de sorte que je n'eus pas à me gêner beaucoup pour ne pas le dépasser. Les autres nous suivaient tant bien que mal ; nous

arrivâmes ainsi jusqu'à une forêt où les enfants devaient voir de très belles ruines d'un vieux couvent et d'une ancienne chapelle. Elles avaient une mauvaise réputation dans le pays ; on n'aimait pas à y aller autrement qu'en nombreuse compagnie. La nuit, disait-on, des bruits étranges semblaient sortir de dessous les décombres ; des gémissements, des cris, des cliquetis de chaînes ; plusieurs voyageurs qui s'étaient moqués de ces récits et qui avaient voulu aller visiter seuls ces ruines, n'en étaient pas revenus ; on n'en avait jamais entendu parler depuis.

Quand tout le monde fut descendu d'âne, et qu'on nous eut laissés paître, la bride sur le cou, les papas et les mamans prirent leurs enfants par la main, leur défendant de s'écarter et de rester en arrière ; je les regardais avec inquiétude s'éloigner et se perdre dans ces ruines. Je m'éloignai aussi de mes camarades, et je me mis à l'abri du soleil sous une arche à moitié ruinée qui se trouvait sur une hauteur adossée au bois, et un peu plus loin que le couvent. J'y étais depuis un quart d'heure à peine lorsque j'entendis du bruit près de l'arche : je me blottis dans une épaisseur du mur ruiné d'où je pouvais voir au loin sans être vu. Le bruit, quoique sourd, augmentait ; il semblait venir de dessous terre.

Je ne tardai pas à voir paraître une tête d'homme qui sortait avec précaution d'entre les broussailles.

« Rien.... dit-il tout bas après avoir regardé

autour de lui. Personne.... Vous pouvez venir, camarades. Que chacun prenne un de ces ânes et l'emmène lestement. »

Il se rangea pour donner passage à une douzaine d'hommes, auxquels il dit encore à mi-voix :

« Si les ânes se sauvent, ne vous amusez pas à courir après. Vite, et pas de bruit, c'est la consigne. »

Les hommes se glissèrent le long du bois, très fourré dans cette partie de la futaie; ils marchaient avec précaution, mais vite; les ânes, qui cherchaient l'ombre, broutaient de l'herbe près de la lisière du bois. A un signal donné, chacun des voleurs prit un des ânes par la bride et l'attira dans le fourré. Ces ânes, au lieu de résister, de se débattre, de braire, pour donner l'éveil, se laissèrent emmener comme des imbéciles; un mouton n'eût pas été plus bête. Cinq minutes après, les voleurs arrivaient au fourré qui se trouvait au pied de l'arche. On fit entrer mes camarades un à un dans les broussailles, où ils disparurent. J'entendis le bruit de leurs pas sous terre, puis tout rentra dans le silence.

« Voilà l'explication des bruits qui effrayent le pays, pensai-je : une bande de voleurs est cachée dans les caves du couvent. Il faut les faire prendre; mais comment? Voilà la difficulté. »

Je restai caché sous ma voûte, d'où je voyais les ruines en entier et le pays tout autour, et je n'en sortis que lorsque j'entendis les voix des enfants qui cherchaient leurs ânes. J'accourus pour les

empêcher d'approcher de cette arche et des broussailles qui cachaient si bien l'entrée des souterrains, qu'il était impossible de l'apercevoir.

« Voici Cadichon ! s'écria Louis.

— Mais où sont les autres ? dirent à la fois tous les enfants.

— Ils doivent être ici près, dit le papa de Louis ; cherchons-les.

— Nous ferions bien de les chercher du côté du ravin, derrière l'arche que je vois là-bas, dit le père de Jacques ; l'herbe y est belle, ils auront voulu en goûter. »

Je tremblai en songeant au danger qu'ils allaient courir, et je me précipitai du côté de l'arche pour les empêcher de passer. Ils voulurent m'écarter, mais je leur résistai avec tant d'insistance, leur barrant le passage de quelque côté qu'ils voulussent aller, que le papa de Louis arrêta son beau-frère et lui dit :

« Écoutez, mon cher : l'insistance de Cadichon a quelque chose d'extraordinaire. Vous savez ce qu'on nous a raconté de l'intelligence de cet animal. Écoutons-le, croyez-moi, et retournons sur nos pas. D'ailleurs, il n'est pas probable que tous les ânes aient été de l'autre côté des ruines.

— Vous avez d'autant plus raison, mon cher, répondit le papa de Jacques, que je vois l'herbe foulée près de l'arche, comme si elle avait été récemment piétinée. Je croirais assez que nos ânes ont été volés. »

Ils retournèrent vers les mamans, qui avaient empêché les enfants de s'écarter; je les suivis, le cœur léger et content de leur avoir peut-être évité un terrible malheur. Ils causèrent bas, et je les vis se mettre tous en groupe : on m'appela.

« Comment allons-nous faire? dit la maman de Louis. Un seul âne ne peut pas porter tous les enfants.

— Mettons les plus petits sur Cadichon; les grands suivront avec nous, dit la maman de Jacques.

— Viens, mon Cadichon; voyons combien tu en pourras porter », dit la maman d'Henriette.

On commença par mettre Jeanne devant comme la plus petite, puis Henriette, puis Jacques, puis Louis. Ils n'étaient lourds ni les uns ni les autres; je fis voir, en prenant le trot, que je les portais bien tous les quatre sans fatigue.

« Holà! oh! Cadichon, s'écrièrent les papas, tout doucement, pour que nous puissions tenir nos gamins. »

Je me mis au pas et je marchai, entouré de près par les enfants plus grands et les mamans; les papas suivaient pour rallier les traînards.

« Maman, pourquoi donc papa n'a-t-il pas cherché nos ânes? dit Henri, le plus jeune de la bande, et qui trouvait le chemin long.

LA MAMAN.

Parce que ton papa croit qu'ils ont tous été volés, et qu'il était alors inutile de les chercher.

HENRI.

Volés! Par qui donc? Je n'ai vu personne.

LA MAMAN.

Ni moi non plus, mais il y avait auprès de l'arche des traces de pas.

PIERRE.

Mais alors, maman, il fallait chercher les voleurs.

LA MAMAN.

C'eût été imprudent. Pour avoir pris treize ânes, il faut qu'il y ait eu plusieurs hommes. Ils avaient probablement des armes, et ils auraient pu tuer ou blesser vos papas.

PIERRE.

Quelles armes, maman?

LA MAMAN.

Des bâtons, des couteaux, peut-être des pistolets.

CAMILLE.

Oh! mais c'est très dangereux, cela. Je crois que papa a bien fait de revenir avec mes oncles.

LA MAMAN.

Et dépêchons-nous de rentrer à la maison; les oncles et papas doivent aller à la ville en rentrant.

PIERRE.

Pour quoi faire, maman?

LA MAMAN.

Pour prévenir les gendarmes et tâcher de ravoir les ânes.

CAMILLE.

Je suis fâchée que nous ayons été à ces ruines.

MADELEINE.

Pourquoi cela? c'était très beau.

CAMILLE.

Oui, mais très dangereux. Si, au lieu de prendre les ânes, les voleurs nous avaient tous pris?

ÉLISABETH.

C'est impossible! nous étions trop de monde.

CAMILLE.

Mais s'il y a beaucoup de voleurs?

ÉLISABETH.

Nous nous serions tous battus.

CAMILLE.

Avec quoi? Nous n'avions pas seulement un bâton.

ÉLISABETH.

Et nos pieds, nos poings, nos dents? Moi, d'abord, j'aurais égratigné, mordu; j'aurais crevé les yeux avec mes ongles.

PIERRE.

Le voleur t'aurait tuée : voilà tout.

ÉLISABETH.

Tuée? Et papa donc! et maman! Tu crois qu'ils m'auraient laissé emporter ou tuer?

MADELEINE.

Les voleurs les auraient tués aussi, et avant toi, encore.

ÉLISABETH.

Tu penses donc qu'il y en avait une armée?

MADELEINE.

Mais quand il n'y en aurait qu'une douzaine !

ÉLISABETH.

Une douzaine ? Quelle bêtise ! Tu crois que les voleurs marchent par douzaines comme les huîtres.

MADELEINE.

Tu te moques toujours ! On ne peut rien te dire. Je parie, moi, que pour enlever treize ânes ils étaient au moins douze.

ÉLISABETH.

Je veux bien, moi, et le treizième par-dessus le marché, comme les petits pâtés. »

Les mamans et les autres enfants riaient de cette conversation, mais comme elle dégénérait en dispute, la maman d'Élisabeth la fit taire, en leur disant que Madeleine avait très probablement raison quant au nombre des voleurs.

On se trouvait près de la maison, et l'on ne tarda pas à arriver. Lorsqu'on vit revenir tout le monde à pied, et moi, Cadichon, portant quatre enfants, la surprise fut grande. Mais, quand les papas racontèrent la disparition des ânes, mon obstination à ne pas les laisser approcher d'une arche où ils voulaient passer pour aller chercher les bêtes perdues, les gens de la maison secouèrent la tête, et firent une foule de suppositions plus singulières les unes que les autres ; les uns disaient que les ânes avaient été engloutis et enlevés par les diables ; les autres prétendaient que les religieuses

enterrées dans la chapelle s'en étaient emparées pour parcourir la terre; d'autres assuraient que les anges qui gardaient le couvent réduisaient en cendre et en poussière tous les animaux qui approchaient de trop près du cimetière où erraient les âmes des religieuses. Aucun n'eut l'idée des voleurs cachés dans les souterrains.

Aussitôt après leur retour, les trois papas allèrent raconter à la grand'mère le vol probable de leurs ânes. Ils firent mettre ensuite les chevaux à la voiture pour aller porter leur plainte à la gendarmerie de la ville voisine. Ils revinrent deux heures après avec l'officier de gendarmerie et six gendarmes. J'avais une telle réputation d'intelligence, qu'ils jugèrent la chose grave dès qu'ils surent la résistance que j'avais opposée au passage vers l'arche. Ils étaient tous armés de pistolets, de carabines, prêts à se mettre en campagne. Pourtant ils acceptèrent le dîner que leur offrit la grand'mère, et ils se mirent à table avec les dames et les messieurs.

XIII

LES SOUTERRAINS

Le dîner ne fut pas long; les gendarmes étaient pressés de faire leur inspection avant la nuit. Ils demandèrent à la grand'mère la permission de m'emmener.

« Il nous sera bien utile dans notre expédition, madame, dit l'officier. Ce Cadichon n'est pas un âne ordinaire; il a déjà fait des choses plus difficiles que ce que nous allons lui demander.

— Prenez-le, messieurs, si vous le croyez nécessaire, répondit la grand'mère; mais ne le fatiguez pas trop, je vous en prie. La pauvre bête a déjà fait la route ce matin, et il est revenu avec quatre de mes petits-enfants sur son dos.

— Quant à cela, madame, reprit l'officier, vous pouvez être tranquille; soyez sûre que nous le traiterons le plus doucement possible. »

On m'avait donné mon dîner : un picotin d'avoine, une brassée de salade, carottes et autres légumes ; j'avais bu, j'avais mangé, j'étais prêt à partir. Quand on vint me prendre, je me plaçai tout d'abord à la tête de la troupe, et nous nous mîmes en route, l'âne servant de guide aux gendarmes. Ils n'en furent pas humiliés, car ils étaient bonnes gens. On croit que les gendarmes sont sévères, méchants, c'est tout le contraire : pas de meilleures gens, de plus charitables, de plus patients, de plus généreux que ces bons gendarmes. Pendant toute la route ils eurent pour moi tous les soins possibles : ralentissant le pas de leurs chevaux quand ils me croyaient fatigué, et me proposant de boire à chaque ruisseau que nous traversions.

Le jour commençait à baisser lorsque nous arrivâmes au couvent. L'officier donna ordre de suivre tous mes mouvements et de marcher tous ensemble. Mais, comme leurs chevaux pouvaient les gêner, ils les avaient laissés dans un village voisin de la forêt. Je les menai sans hésiter à l'entrée de l'arche, près des broussailles d'où j'avais vu sortir les douze voleurs. Je vis avec inquiétude qu'ils restaient près de l'entrée. Pour les éloigner, je fis quelques pas derrière le mur ; ils me suivirent. Quand ils y furent tous, je revins aux broussailles, les empêchant d'avancer quand ils voulaient me suivre. Ils me comprirent, et restèrent cachés le long du mur.

Je m'approchai alors de l'entrée des souterrains,

et je me mis à braire de toutes les forces de mes poumons. Je ne tardai pas à obtenir ce que je voulais. Tous mes camarades enfermés dans les caveaux me répondirent à qui mieux mieux. Je fis un pas vers les gendarmes, qui devinèrent ma manœuvre, et je revins me placer près de l'entrée des souterrains. Je me remis à braire; cette fois, personne ne me répondit; je devinai que les voleurs,

Je me remis à braire.

pour empêcher mes camarades de les trahir, leur avaient attaché des pierres à la queue. Tout le monde sait que, pour braire, nous dressons notre queue; ne pouvant pas la dresser, à cause du poids de la pierre, mes camarades se taisaient.

Je restais toujours à deux pas de l'entrée, lorsque je vis une tête d'homme sortir des broussailles et regarder avec précaution, ne voyant que moi, il dit :

« Voilà le coquin que nous n'avons pas pris ce matin. Tu vas rejoindre tes camarades, mon braillard. »

Mais, comme il allait me saisir, je m'éloignai de deux pas ; il me suivit, je m'éloignai encore, jusqu'à ce que je l'eusse amené à l'angle du mur derrière lequel étaient mes amis les gendarmes. Avant que mon voleur eût eu le temps de pousser un cri,

ils se jetèrent sur lui, le bâillonnèrent, le garrottèrent et l'étendirent par terre. Je me remis à l'entrée et je recommençai à braire, ne doutant pas qu'un autre viendrait voir ce que devenait leur compagnon. En effet, j'entendis bientôt les broussailles s'écarter, et je vis apparaître une nouvelle tête, qui regarda de même avec précaution ; ne pou-

Je vis un homme me regarder avec précaution. (Page 119.)

vant m'atteindre, ce second voleur fit comme le premier; moi, j'exécutai la même manœuvre, et je le fis prendre par les gendarmes sans qu'il eût eu le temps de se reconnaître. Je recommençai ainsi jusqu'à ce que j'en eusse fait prendre six. Après le

Je vis apparaître une nouvelle tête. (Page 120.)

sixième, j'eus beau braire, personne n'apparut. Je pensai que, ne voyant revenir aucun des hommes qui allaient savoir des nouvelles de leurs camarades, les voleurs avaient soupçonné quelque piège et n'avaient plus osé se risquer. Pendant ce temps, la nuit était venue tout à fait, on n'y voyait presque plus. L'officier de gendarmerie envoya un de

ses hommes chercher du renfort pour attaquer les voleurs dans les souterrains, et emmener garrottés, dans une charrette, les six voleurs déjà faits prisonniers. Les gendarmes qui restèrent eurent ordre de se partager en deux bandes, pour surveiller les sorties du couvent ; moi, on me laissa agir à mon idée, après m'avoir bien caressé et m'avoir fait les plus grands compliments sur ma conduite.

« S'il n'était pas un âne, dit un gendarme, il mériterait la croix.

— N'en a-t-il pas une sur le dos ? dit un autre.

— Tais-toi, mauvais plaisant, dit un troisième ; tu sais bien que cette croix-là est marquée sur les ânes pour rappeler qu'un des leurs a eu l'honneur d'être monté par Notre-Seigneur Jésus-Christ.

— Voilà pourquoi c'est une croix d'honneur, reprit l'autre.

— Silence ! dit l'officier à voix basse : Cadichon dresse les oreilles. »

J'entendis en effet un bruit extraordinaire du côté de l'arche ; ce n'était pas un bruit de pas, on aurait dit plutôt comme un craquement et des cris étouffés. Les gendarmes entendaient bien aussi, mais sans pouvoir deviner ce que c'était. Enfin, une fumée épaisse s'échappa de plusieurs soupiraux et fenêtres basses du couvent, puis quelques flammes jaillirent : quelques instants après, tout était en feu.

« Ils ont mis le feu dans les caves pour s'échapper par les portes, dit l'officier.

— Il faut courir l'éteindre, mon lieutenant, répondit un gendarme.

— Gardez-vous-en bien! Surveillons plus que jamais toutes les issues, et si les voleurs paraissent, feu de vos carabines; les pistolets viendront après. »

L'officier avait bien deviné la manœuvre de ces

Les six voleurs déjà faits prisonniers. (Page 124.)

voleurs; ils avaient compris qu'ils étaient découverts, que leurs camarades avaient été faits prisonniers, et ils espéraient qu'à la faveur de l'incendie et des efforts des gendarmes pour l'éteindre, ils pourraient s'échapper et reprendre leurs amis. Nous vîmes bientôt les six voleurs restants et leur capitaine sortir avec précipitation de l'entrée masquée par des broussailles; trois gendarmes seulement se trouvaient à ce poste; ils tirèrent chacun leur coup de carabine avant que les voleurs eussent eu le temps de faire

usage de leurs armes. Deux voleurs tombèrent; un troisième laissa échapper son pistolet : il avait le bras cassé. Mais les trois derniers et leur capitaine s'élancèrent avec fureur sur les gendarmes, qui, le sabre d'une main, le pistolet de l'autre, se battirent comme des lions. Avant que l'officier et les deux autres gendarmes qui surveillaient le côté opposé du couvent eussent eu le temps d'accourir, le combat était presque terminé; les voleurs étaient tous tués ou blessés; le capitaine se défendait encore contre un gendarme, le seul qui fût sur pied; les deux autres étaient grièvement blessés. L'arrivée du renfort mit fin au combat. En un clin d'œil le capitaine fut entouré, désarmé, garrotté et couché près des six voleurs prisonniers.

Pendant le combat, le feu s'était éteint; ce qui avait brûlé n'était que des broussailles et du menu bois; mais, avant de pénétrer dans les souterrains, l'officier voulut attendre l'arrivée du renfort qu'il avait demandé. La nuit était bien avancée quand nous vîmes arriver six gendarmes nouveaux et la charrette qui devait emmener les prisonniers. On les coucha côte à côte dans la voiture; l'officier était humain : il avait donné ordre de les débâillonner, de sorte qu'ils disaient aux gendarmes mille injures. Les gendarmes n'y faisaient seulement pas attention. Deux d'entre eux montèrent sur la charrette pour escorter les prisonniers; on fit des brancards pour emporter les blessés.

Les trois derniers et leur capitaine s'élancèrent avec fureur sur les gendarmes. (Page 126.)

Pendant ces préparatifs j'accompagnai l'officier dans la descente qu'il fit aux souterrains, escorté de huit hommes. Nous traversâmes un long corridor qui allait toujours en descendant, puis nous arrivâmes dans les souterrains où les brigands avaient établi leur demeure. Un de ces caveaux leur servait d'écurie; nous y trouvâmes tous mes camarades pris de la veille, et qui avaient tous une pierre à la queue. On les en délivra immédiatement, et ils se mirent à braire à l'unisson. Dans ce souterrain, c'était un bruit à rendre sourd.

« Silence, les ânes! dit un gendarme, sans quoi nous allons vous rattacher vos breloques.

— Laisse-les dire, répond un autre gendarme : tu vois bien qu'ils chantent les louanges de Cadichon.

— J'aimerais mieux qu'ils chantassent sur un autre ton », reprit le premier gendarme en riant.

« Cet homme, assurément, n'aime pas la musique, me dis-je à part moi. Que trouve-t-il à redire aux voix de mes camarades? » Ces pauvres camarades! ils chantaient leur délivrance.

Nous continuâmes à marcher. Un des souterrains était plein d'effets volés. Dans un autre ils avaient enfermé des prisonniers qu'ils gardaient pour les servir : les uns faisaient la cuisine, le service de la table, nettoyaient les souterrains; d'autres faisaient les vêtements et les chaussures. Il y avait de ces malheureux qui y étaient depuis

deux ans; ils étaient enchaînés deux à deux, et ils avaient tous de petites sonnettes aux bras et aux pieds, pour qu'on pût savoir de quel côté ils allaient. Deux voleurs restaient toujours près d'eux pour les garder; on n'en laissait jamais plus de deux ensemble dans le même souterrain. Pour ceux qui travaillaient aux vêtements, on les réunissait tous, mais le bout de leur chaîne était attaché, pendant le travail, à un anneau scellé dans le mur.

Je sus plus tard que ces malheureux étaient les voyageurs et les visiteurs des ruines qui avaient disparu depuis deux ans. Il y en avait quatorze; ils racontèrent que les voleurs en avaient tué trois sous leurs yeux : deux parce qu'ils étaient malades, et un qui refusait obstinément de travailler.

Les gendarmes délivrèrent tous ces pauvres gens, ramenèrent les ânes au château, portèrent les blessés à l'hospice, et menèrent les voleurs en prison. Ils furent jugés et condamnés, le capitaine à mort et les autres à être envoyés à Cayenne. Quant à moi, je fus admiré par tout le monde; chaque fois que je sortais, j'entendais dire aux personnes qui me rencontraient :

« C'est Cadichon, le fameux Cadichon, qui vaut à lui seul plus que tous les ânes du pays. »

XIV

THÉRÈSE

Mes petites maîtresses (car j'avais autant de maîtres et de maîtresses que la grand'mère avait de petits-enfants) avaient une cousine qu'elles aimaient beaucoup, qui était leur meilleure amie, et à peu près de leur âge. Cette amie s'appelait Thérèse; elle était bonne, bien bonne, la pauvre petite. Quand elle me montait, jamais elle ne prenait de baguette, et ne permettait à personne de me taper. Dans une des promenades que firent mes jeunes maîtresses, elles virent une petite fille assise sur le bord de la route, qui se leva péniblement à leur approche, et vint en boitant leur demander la charité; son air triste et timide frappa Thérèse et ses amies.

« Pourquoi boites-tu, ma petite? dit Thérèse.

LA PETITE.

Parce que mes sabots me blessent, mam'selle.

THÉRÈSE.

Pourquoi n'en demandes-tu pas d'autres à ta maman ?

LA PETITE.

Je n'ai pas de maman, mam'selle.

THÉRÈSE.

A ton papa alors ?

LA PETITE.

Je n'ai pas de papa, mam'selle.

THÉRÈSE.

Mais avec qui vis-tu ?

LA PETITE.

Avec personne ; je vis seule.

THÉRÈSE.

Qui est-ce qui te donne à manger ?

LA PETITE.

Quelquefois personne, quelquefois tout le monde.

THÉRÈSE.

Quel âge as-tu ?

LA PETITE.

Je ne sais pas, mam'selle ; peut-être bien sept ans.

THÉRÈSE.

Où couches-tu ?

LA PETITE.

Chez celui qui veut bien me recevoir. Lorsque tout le monde me chasse, je couche dehors, sous un arbre, près d'une haie, n'importe où.

Une petite fille vint leur demander la charité. (Page 131.)

THÉRÈSE.

Mais, l'hiver, tu dois geler?

LA PETITE.

J'ai froid; mais j'y suis habituée.

THÉRÈSE.

As-tu dîné aujourd'hui?

LA PETITE.

Je n'ai pas mangé depuis hier.

— Mais c'est affreux, c'la,... dit Thérèse, les larmes aux yeux. Mes chères amies, n'est-ce pas que votre grand'mère voudra bien que nous donnions à manger à cette pauvre petite, que nous la fassions coucher quelque part au château?

— Certainement, répondirent les trois cousines, grand'mère sera enchantée; d'ailleurs elle fait tout ce que nous voulons.

MADELEINE.

Mais comment faire pour la mener jusqu'à la maison, Thérèse? Regarde comme elle boite.

THÉRÈSE.

Mettons-la sur Cadichon; nous suivrons toutes à pied au lieu de le monter deux à deux, chacune à notre tour.

— C'est vrai, quelle bonne idée! » s'écrièrent les trois cousines.

Elles placèrent la petite fille sur mon dos.

Camille avait encore dans sa poche un morceau de pain qui restait de son goûter, elle le lui donna; la petite le mangea avec avidité; elle semblait ravie de se trouver sur mon dos, mais elle ne di-

sait rien; elle était fatiguée et elle souffrait de la faim.

Quand j'arrêtai devant le perron, Camille et Élisabeth firent entrer la petite à la cuisine, pendant que Madeleine et Thérèse couraient chez la grand'mère.

« Grand'mère, dit Madeleine, permettez-nous de donner à manger à une petite fille très pauvre que nous avons trouvée sur la route.

LA GRAND'MÈRE.

Très volontiers, chère petite; mais qui est-elle?

MADELEINE.

Je ne sais pas, grand'mère.

LA GRAND'MÈRE.

Où demeure-t-elle?

MADELEINE.

Nulle part, grand'mère.

LA GRAND'MÈRE.

Comment, nulle part? Mais ses parents doivent demeurer quelque part.

MADELEINE.

Elle n'a pas de parents, grand'mère; elle est seule.

— Voulez-vous permettre, ma tante, dit timidement Thérèse, qu'elle couche ici, cette pauvre petite?

— Si elle n'a réellement pas d'asile, je ne demande pas mieux, dit la grand'mère. Il faut que je la voie et que je lui parle. »

Elle se leva et suivit les enfants à la cuisine,

où la petite fille achevait son repas. Elle l'appela, la pauvre petite approcha tout en boitant. La grand'mère la questionna et en obtint les mêmes réponses. Elle se trouva fort embarrassée. Renvoyer cette enfant dans l'état d'abandon et de souffrance où elle la voyait lui semblait impossible. La garder était difficile. A qui la confier? Par qui la faire élever?

« Ecoute, petite, lui dit-elle : en attendant que je puisse prendre des informations sur ton compte et savoir si tu m'as dit la vérité, tu coucheras et tu mangeras ici. Je verrai dans quelques jours ce que je puis faire pour toi. »

Elle donna ses ordres pour qu'on préparât un lit pour l'enfant et qu'on ne la laissât manquer de rien. Mais la pauvre petite était si sale, que personne ne voulait ni la toucher ni l'approcher. Thérèse en était désolée; elle ne pouvait obliger les domestiques de sa tante de faire ce qui leur répugnait.

« C'est moi, pensa-t-elle, qui ai amené cette petite; ce serait moi qui devrais en avoir soin. Comment faire? »

Elle réfléchit un instant; une idée se présenta à son esprit.

« Attends, ma petite. dit-elle; je vais revenir tout à l'heure. »

Elle courut chez sa maman.

« Maman, dit-elle, je dois prendre un bain, n'est-ce pas?

LA MAMAN.

Oui, Thérèse, vas-y ; ta bonne t'attend.

THÉRÈSE.

Maman, voulez-vous me permettre de faire baigner à ma place la petite fille que nous avons amenée ici?

LA MAMAN.

Quelle petite fille? Je ne l'ai pas vue.

THÉRÈSE.

Une pauvre, pauvre petite, qui n'a ni papa, ni maman, ni personne pour la soigner; qui couche dehors, qui ne mange que ce qu'on lui donne. La grand'mère de Camille consent à la garder, mais aucun des domestiques ne veut la toucher.

LA MAMAN.

Pourquoi donc?

THÉRÈSE.

Parce qu'elle est si sale, si sale, qu'elle est dégoûtante; alors, maman, si vous voulez bien, je la ferai baigner à ma place; pour ne pas dégoûter ma bonne, je la déshabillerai moi-même, je la savonnerai; je lui couperai les cheveux, qui sont tout emmêlés et pleins de petites puces blanches, mais qui ne sautent pas.

LA MAMAN.

Mais, ma pauvre Thérèse, toi-même ne seras-tu pas dégoûtée de la toucher et de la laver?

THÉRÈSE.

Un peu, maman, mais je penserai que, si j'étais à sa place, je serais bien heureuse qu'on voulût

bien me soigner, et cette idée me donnera du courage. Et puis, maman, voulez-vous me permettre, quand elle sera lavée, de lui mettre quelques-unes de mes vieilles affaires jusqu'à ce que je lui en achète d'autres?

LA MAMAN.

Certainement, ma petite Thérèse; mais avec quoi lui achèteras-tu des vêtements? Tu n'as que deux ou trois francs, tout juste de quoi payer une chemise.

THÉRÈSE.

Oh! maman, vous oubliez ma pièce de vingt francs.

LA MAMAN.

Celle que tu as donnée à garder à ton papa pour ne pas la dépenser? Tu la conservais pour acheter un beau livre de messe comme celui de Camille.

THÉRÈSE.

Je peux bien me passer de ce beau livre de messe, maman, j'ai encore mon vieux.

LA MAMAN.

Fais comme tu voudras, mon enfant; quand c'est pour faire le bien, tu sais que je te donne une entière liberté. »

Sa maman l'embrassa, et elle alla avec elle pour voir cette petite fille que personne ne voulait toucher.

« Si elle a quelque maladie de peau que Thérèse puisse gagner, se dit-elle, je ne permettrai pas qu'elle y touche. »

La petite fille attendait toujours à la porte; la maman la regarda, examina ses mains, sa figure, et vit qu'il n'y avait que de la saleté, mais aucune maladie de peau. Seulement elle trouva ses cheveux si pleins de vermine, qu'elle demanda des ciseaux, fit asseoir la petite sur l'herbe, et lui

Elle fit asseoir la petite sur l'herbe.

coupa les cheveux tout court sans y toucher avec les mains. Quand ils furent tombés à terre, elle les ramassa avec une pelle, et pria un des domestiques de les jeter sur le fumier; puis elle demanda un baquet d'eau tiède, et, avec l'aide de Thérèse, elle lui savonna et lava la tête de manière à la bien nettoyer. Après l'avoir essuyée, elle dit à Thérèse :

« Maintenant, ma chère petite, va la faire baigner, et fais jeter ses haillons au feu. »

Camille, Madeleine et Elisabeth étaient venues aider Thérèse; elles l'emmenèrent toutes quatre

Elle lui lava la tête.

dans la salle de bain, la déshabillèrent malgré le dégoût que leur inspirait la saleté extrême de l'enfant et l'odeur qu'exhalaient ses haillons. Elles s'empressèrent de la plonger dans l'eau et de la savonner des pieds à la tête. Elles prirent goût à l'opération, qui les amusait et qui enchantait la

petite fille; elles la savonnèrent et la tinrent dans l'eau un peu plus de temps qu'il n'était nécessaire. A la fin du bain, l'enfant en avait assez et témoigna une vive satisfaction quand ses quatre protectrices la firent sortir de la baignoire; elles la frottèrent, pour l'essuyer, jusqu'à lui faire rougir la peau, et ce ne fut qu'après l'avoir séchée comme un jambon, qu'elles lui mirent une chemise, un jupon et une robe de Thérèse. Tout cela allait assez bien, parce que Thérèse portait ses robes très courtes, comme le font toutes les petites filles élégantes, et que la petite mendiante devait avoir ses jupons tombant sur les chevilles : la taille était bien un peu longue, mais on n'y regarda pas de si près; tout le monde était content. Quand il fallut la chausser, les enfants s'aperçurent qu'elle avait une plaie sur le cou-de-pied : c'était ce qui la faisait boiter. Camille courut chez sa grand'mère pour lui demander de l'onguent. La grand'mère lui donna ce qu'il fallait, et Camille, aidée de ses trois amies, dont l'une soutenait la petite, tandis que l'autre tenait le pied, et la troisième déroulait une bande, lui mit l'onguent sur la plaie; elles furent près d'un quart d'heure à arranger une compresse et la bande; tantôt c'était trop serré; tantôt ce ne l'était pas assez; la bande était trop bas, la compresse était trop haut; elles se disputaient et s'arrachaient le pied de la pauvre petite, qui n'osait rien dire, se laissait faire et ne se plaignait pas. Enfin la plaie fut bandée, on lui mit des bas et de vieilles pan-

touffes à Thérèse, et on la laissa aller. Quand la petite revint à la cuisine, personne ne la reconnaissait.

« Pas possible que ce soit cette petite horreur de tout à l'heure, disait un domestique.

— Si, c'est la même, reprit un second domes-

Elles la frottèrent jusqu'à lui faire rougir la peau.

tique; elle est tout autre, car la voilà devenue gentille, d'affreuse qu'elle était.

LE CUISINIER.

C'est tout de même bien beau aux enfants et à Mme d'Arbé de l'avoir nettoyée comme cela; quant à moi, on m'aurait donné vingt francs, que je ne l'aurais pas touchée.

LA FILLE DE CUISINE.

C'est qu'elle sentait si mauvais!

LE COCHER.

Vous ne devriez pourtant pas avoir le nez si

sensible, la belle, dit le cocher, avec votre graillon, vos casseroles à écurer et toutes sortes de saletés à manier.

LA FILLE DE CUISINE, *piquée*.

Mon graillon et mes casseroles ne sentent toujours pas le fumier comme des gens que je connais.

LES DOMESTIQUES.

Ah! ah! ah! la fille est en colère; prends garde au balai.

LE COCHER.

Si elle prend le sien, je saurai bien trouver le mien, et la fourche aussi, et encore l'étrille.

LE CUISINIER.

Allons, allons, ne la poussez pas trop; elle est vive : vous savez, faut pas l'irriter.

LE COCHER.

Tiens! qu'est-ce que ça me fait, moi? Qu'elle se fâche, je me fâcherai aussi.

LE CUISINIER.

Mais je ne veux pas de ça, moi, madame n'aime pas les disputes; il est bien certain que nous aurions tous du désagrément.

LE PREMIER DOMESTIQUE.

Le Vatel a raison. Thomas, tais-toi, tu nous amènes toujours quelque chose comme une querelle. Ce n'est pas ta place ici, d'abord.

LE COCHER.

Tiens! ma place est partout quand je n'ai pas d'ouvrage à l'écurie.

« Allons, allons », dit le cuisinier (Page 144.)

LE CUISINIER.

Mais vous en avez de l'ouvrage, reprit le cuisinier ; regardez donc Cadichon qui n'est pas encore débâté, et qui se promène en long et en large comme un bourgeois qui attend son dîner.

LE COCHER.

Cadichon me fait l'effet d'écouter aux portes ; il est plus fin qu'il n'en a l'air ; c'est un vrai malin. »

Le cocher m'appela, me prit par la bride, m'emmena à l'écurie, et, après m'avoir ôté mon bât et m'avoir donné ma pitance, il me laissa seul, c'est-à-dire en compagnie des chevaux et d'un âne que je dédaignais trop pour lier conversation avec lui.

Je ne sais ce qui se passa le soir au château ; le lendemain, dans l'après-midi, on me remit mon bât, on monta sur mon dos la petite mendiante ; mes quatre petites maîtresses suivirent à pied et me firent aller au village. Je compris en route qu'elles voulaient acheter de quoi habiller la petite. Thérèse voulait tout payer ; les autres voulaient payer chacune leur part ; elles se disputaient avec un tel acharnement, que, si je ne m'étais pas arrêté à la porte de la boutique, elles l'auraient dépassée. Elles manquèrent jeter la petite par terre en la descendant de dessus mon dos, parce qu'elles s'élancèrent sur elle toutes à la fois ; l'une lui tirait les jambes, l'autre la tenait par un bras, la troisième l'avait prise à bras-le-corps, et Élisabeth, la quatrième, qui était forte comme deux ou trois, les poussait toutes pour aider seule la petite

à descendre. La pauvre enfant, effrayée et tiraillée de tous côtés, se mit à crier; les passants commençaient à s'arrêter, la marchande ouvrit la porte.

« Bien le bonjour, mesdemoiselles; permettez que je vous aide; vous n'êtes pas assez fortes pour porter cette petite. »

Mes jeunes maîtresses, contentes de n'avoir pas à se céder entre elles, lâchèrent la petite fille; la marchande la prit et la posa à terre.

« Qu'y a-t-il pour votre service, mesdemoiselles? dit la marchande.

MADELEINE.

Nous venons acheter de quoi habiller cette petite fille, madame Juivet.

MADAME JUIVET.

Volontiers, mesdemoiselles. Vous faut-il une robe, ou une jupe, ou du linge?

CAMILLE.

Il nous faut tout, madame Juivet; donnez-moi de quoi lui faire trois chemises, un jupon, une robe, un tablier, un fichu, deux bonnets.

THÉRÈSE, *bas.*

Dis donc, Camille, laisse-moi parler, puisque c'est moi qui paye.

CAMILLE, *bas.*

Non, tu ne payeras pas tout, nous voulons payer avec toi.

THÉRÈSE, *bas.*

J'aime mieux payer seule, c'est ma fille.

CAMILLE, *bas*.

Non, elle est à nous toutes, répliqua tout bas Camille.

— Quelle est l'étoffe que prennent ces demoiselles? » interrompit la marchande, impatiente de vendre.

Pendant que Camille et Thérèse continuaient leur dispute à voix basse, Madeleine et Élisabeth se dépêchèrent d'acheter tout ce qu'il fallait.

« Adieu, madame Juivet, dirent-elles; envoyez-nous tout cela chez nous, et le plus vite possible, je vous en prie; vous enverrez aussi la note.

— Comment, comment, vous avez déjà tout acheté? s'écrièrent Camille et Thérèse.

— Mais oui; pendant que vous causiez, dit Madeleine d'un air malin, nous avons choisi tout ce qui est nécessaire.

— Il fallait nous demander si cela nous convenait, reprit Camille.

— Certainement, puisque c'est moi qui paye, dit Thérèse.

— Nous payerons aussi, nous payerons aussi, s'écrièrent en chœur les trois autres.

— Pour combien y en a-t-il? demanda Thérèse.

LA MARCHANDE.

Pour trente-deux francs, mademoiselle.

— Trente-deux francs! s'écria Thérèse effrayée: mais je n'ai que vingt francs!

CAMILLE.

Eh bien! nous payerons le reste.

ÉLISABETH.

Tant mieux, cela fait que nous aurons aussi habillé la petite fille.

MADELEINE, *riant*.

Nous voilà donc enfin d'accord, grâce à Mme Juivet : ce n'est pas sans peine. »

J'avais tout entendu, puisque la porte était restée ouverte ; j'étais indigné contre Mme Juivet, qui faisait payer à mes bonnes petites maîtresses le double au moins de ce que valaient ses marchandises. J'espérais que les mamans ne les laisseraient pas faire le marché. Nous retournâmes à la maison ; tout le monde fut d'accord en revenant,... grâce à Mme Juivet,... comme avait dit innocemment Madeleine.

Il faisait beau temps ; on était assis sur l'herbe devant la maison quand nous arrivâmes. Pierre, Henri, Louis et Jacques avaient pêché dans un des étangs pendant que nous étions au village ; ils venaient de rapporter trois beaux poissons et beaucoup de petits. Pendant que Louis et Jacques m'ôtaient mon bât et ma bride, les quatre cousines expliquèrent à leurs mamans ce qu'elles avaient acheté.

« Pour combien d'argent en avez-vous ? demanda la maman de Thérèse. Combien te reste-t-il de tes vingt francs, Thérèse ? »

Thérèse fut un peu embarrassée ; elle rougit légèrement. « Il ne me reste rien, maman, dit-elle.

— Vingt francs pour habiller un enfant de six à sept ans! dit la maman de Camille; mais c'est horriblement cher. Qu'avez-vous donc acheté? »

Thérèse ne savait seulement pas ce que Madeleine et Élisabeth s'étaient dépêchées d'acheter, de sorte qu'elle ne put répondre.

Mais la marchande, arrivant avec son paquet, interrompit la conversation, à la grande joie de Madeleine et d'Élisabeth, qui commençaient à craindre d'avoir acheté des choses trop belles.

« Bonjour, madame Juivet, dit la grand'mère; défaites votre paquet ici sur l'herbe, et faites-nous voir les emplettes de ces demoiselles. »

Mme Juivet salua, posa son paquet, le défit, en tira la note, qu'elle présenta à Madeleine, et étala ses marchandises.

Madeleine avait rougi en prenant la note; sa grand'mère la lui prit des mains, et poussa une exclamation de surprise :

« Trente-deux francs pour habiller une petite mendiante!... Madame Juivet, ajouta-t-elle d'un ton sévère, vous avez abusé de l'ignorance de mes petites-filles; vous savez très bien que les étoffes que vous apportez sont beaucoup trop belles et trop chères pour habiller une enfant pauvre; remportez tout cela, et sachez qu'à l'avenir aucun de nous n'achètera rien chez vous.

— Madame, dit Mme Juivet avec une colère retenue, ces demoiselles ont pris ce qu'elles ont voulu; je ne les ai contraintes sur aucun article.

LA GRAND'MÈRE.

Mais vous auriez dû ne leur montrer que des étoffes convenables, et ne pas chercher à leur passer vos vieilles marchandises dont personne ne veut.

MADAME JUIVET.

Madame, ces demoiselles ayant pris les étoffes doivent les payer.

— Elles ne payeront rien du tout, et vous allez remporter tout cela, dit la grand'mère avec sévérité. Partez sur-le-champ; j'enverrai ma femme de chambre acheter chez Mme Jourdan ce qui est nécessaire. »

Mme Juivet se retira dans une colère effroyable. Je la reconduisis un bout de chemin en brayant d'un air moqueur et en gambadant autour d'elle, ce qui amusa beaucoup les enfants, mais ce qui lui fit grand'peur, car elle se sentait coupable, et elle craignait que je ne voulusse l'en punir; on me croyait un peu sorcier dans le pays, et tous les méchants me redoutaient.

Les mamans grondèrent les enfants, les cousins se moquèrent d'elles; je restai près d'eux, mangeant de l'herbe, et les regardant sauter, courir, gambader. J'entendis, pendant ce temps, que les papas arrangeaient une partie de chasse pour le lendemain, que Pierre et Henri devaient avoir de petits fusils pour être de la partie, et qu'un jeune voisin de campagne devait y venir aussi.

⚜

XV

LA CHASSE

Le lendemain, devait avoir lieu, comme je l'ai dit, l'ouverture de la chasse. Pierre et Henri furent prêts avant tout le monde; c'était leur début; ils avaient leurs fusils en bandoulière, leur carnassière passée sur l'épaule; leurs yeux brillaient de bonheur; ils avaient pris un air fier et batailleur qui semblait dire que tout le gibier du pays devait tomber sous leurs coups. Je les suivais de loin, et je vis les préparatifs de la chasse.

« Pierre, dit Henri d'un air délibéré, quand nos carnassières seront pleines, où mettrons-nous le gibier que nous tuerons?

— C'est précisément à quoi je pensais, répondit Pierre; je demanderai à papa d'emmener Cadichon. »

Cette idée ne me plut pas; je savais que les

jeunes chasseurs tiraient partout et sur tout, sans s'occuper de ce qui était devant et près d'eux. En visant une perdrix, ils pouvaient m'envoyer leur plomb, et j'attendis avec inquiétude la suite de la proposition.

« Papa, dit Pierre à son père qui arrivait, pouvons-nous emmener Cadichon?

— Pour quoi faire? répondit le papa en riant; tu veux donc chasser à âne, et poursuivre les perdreaux à la course! Dans ce cas, il faut d'abord attacher des ailes à Cadichon.

HENRI, *contrarié*.

Mais non, papa, c'est pour porter notre gibier quand nos carnassières seront trop pleines.

LE PAPA, *avec surprise et riant*.

Porter votre gibier! Vous croyez donc, pauvres innocents, que vous allez tuer quelque chose, et même beaucoup de choses?

HENRI, *piqué*.

Certainement, papa; j'ai vingt cartouches dans ma veste, et je tuerai au moins quinze pièces.

LE PAPA.

Ah! ah! ah! Elle est bonne, celle-là! Sais-tu ce que vous tuerez, vous deux et votre ami Auguste?

HENRI.

Quoi donc, papa?

LE PAPA.

Le temps, et rien avec.

HENRI, *très piqué*.

Alors, papa, je ne sais pas pourquoi vous nous

avez donné des fusils, et pourquoi vous nous faites aller à la chasse, si vous nous croyez assez sots, assez maladroits pour ne rien tuer.

LE PAPA.

C'est pour vous apprendre à chasser, petits nigauds, que je vous fais aller à la chasse. On ne tue jamais rien les premières fois : ce n'est qu'à force de manquer qu'on apprend à tuer. »

La conversation fut interrompue par l'arrivée d'Auguste, prêt aussi à tuer tout ce qu'il rencontrerait. Pierre et Henri étaient encore rouges d'indignation quand Auguste les rejoignit.

PIERRE.

Papa croit que nous ne tuerons rien, Auguste; nous lui ferons voir que nous sommes plus adroits qu'il ne le pense.

AUGUSTE.

Sois tranquille, nous tuerons plus de gibier qu'eux.

HENRI.

Pourquoi plus qu'eux?

AUGUSTE.

Parce que nous sommes jeunes, vifs, lestes et adroits, tandis que nos papas sont déjà un peu vieux.

HENRI.

C'est vrai, cela. Papa a quarante-deux ans. Pierre en a quinze, et moi treize. Quelle différence!

AUGUSTE.

Et mon papa à moi donc! Il a quarante-trois ans! Et moi qui en ai quatorze!

PIERRE.

Écoute, je vais, sans le lui dire, faire mettre à Cadichon le bât avec les paniers. Il nous suivra, et nous lui ferons porter notre gibier.

AUGUSTE.

Bien, très bien ; fais mettre les grands paniers ; si nous tuons un chevreuil, il lui faudra une fameuse place.

Henri fut chargé de la commission. Je riais sous cape de leur prévoyance. J'étais bien sûr de ne pas avoir la charge d'un chevreuil, et de revenir avec les paniers vides comme au départ.

« En route ! dirent les papas. Nous marcherons devant. Et vous, gamins, suivez de près. Quand nous serons en plaine, nous nous débanderons....

— Qu'est-ce donc ? ajouta le papa de Pierre avec surprise ; Cadichon nous suit ? Cadichon orné de deux énormes paniers ?

— C'est pour le gibier de ces messieurs, dit le garde en riant.

LE PAPA.

Ah ! ah ! ils ont voulu faire à leur tête,... soit.... Je veux bien que Cadichon suive la chasse, s'il a du temps à perdre. »

Il regarda en souriant Pierre et Henri, qui prirent un air dégagé.

« Ton fusil est-il armé, Pierre ? demanda Henri.

PIERRE.

Non, pas encore ; c'est si dur à armer et à désar-

mer, que j'aime mieux attendre qu'une perdrix parte.
LE PAPA.
Nous voici en plaine; à présent, marchons tous sur la même ligne, et tirons devant nous, et pas à droite ni à gauche, pour ne pas nous entre-tuer. »

« Tirons devant nous. »

Les perdrix ne tardèrent pas à partir de tous côtés; j'étais resté prudemment derrière, et même un peu loin : je fis bien; car plus d'un chien retardataire reçut des grains de plomb. Les chiens guêtaient, arrêtaient, rapportaient; les coups de fusil partaient sur toute la ligne. Je ne perdais pas

de vue mes trois jeunes vantards; je les voyais tirer souvent, mais ramasser, jamais : aucun des trois ne toucha ni lièvre ni perdrix. Ils s'impatientaient, tiraient hors de portée, trop loin, trop près; quelquefois tous trois tiraient la même perdrix, qui n'en volait que mieux. Les papas faisaient au contraire de la bonne besogne : autant de coups de fusil, autant de pièces dans leurs carnassières. Après deux heures de chasse, le papa de Pierre et de Henri s'approcha d'eux.

« Eh bien! mes enfants, Cadichon est-il bien chargé? Y a-t-il encore de la place pour vider ma carnassière, qui est trop pleine? »

Les enfants ne répondirent pas : ils voyaient, à l'air moqueur de leur papa, qu'il savait leur maladresse. Moi, j'approchai en courant, et je tournai un des paniers vers le papa.

LE PAPA.

Comment! rien dedans? Vos carnassières vont crever, si vous les emplissez trop.

Les carnassières étaient plates et vides. Le papa se mit à rire de l'air déconfit des jeunes chasseurs, se débarrassa de son gibier dans un de mes paniers, et retourna à son chien, qui était en arrêt.

AUGUSTE.

Je crois bien que ton père tue une quantité de perdreaux! dit Auguste; il a deux chiens qui arrêtent et rapportent, et nous, on ne nous en a pas laissé un seul.

HENRI.

C'est vrai, ça; nous avons peut-être tué beaucoup de perdrix, seulement nous n'avions pas de chiens pour nous les rapporter.

PIERRE.

Pourtant, je n'en ai pas vu tomber.

AUGUSTE.

Parce qu'une perdrix tuée ne tombe jamais sur le coup; elle vole encore quelque temps, et elle va tomber très loin.

PIERRE.

Mais quand papa et mes oncles tirent, leurs perdrix tombent tout de suite.

AUGUSTE.

Cela te semble ainsi parce que tu es loin, mais, si tu étais à leur place, tu verrais filer la perdrix longtemps encore.

Pierre ne répondit pas, mais il n'avait pas trop l'air de croire ce que disait Auguste. Tous marchaient d'un pas moins fier et moins léger qu'au départ. Ils commençaient à demander l'heure.

« J'ai faim, dit Henri.

— J'ai soif, dit Auguste.

— Je suis fatigué », dit Pierre.

Mais il fallait bien suivre les chasseurs, qui tiraient, tuaient et s'amusaient. Pourtant ils n'oubliaient pas leurs jeunes compagnons de chasse, et, pour ne pas trop les fatiguer, ils proposèrent une halte pour déjeuner. Les jeunes gens acceptèrent avec joie. On rappela les chiens, qu'on remit

en laisse, et l'on se dirigea vers une ferme qui était à cent pas, et où la grand'mère avait envoyé des provisions.

On s'assit par terre sous un vieux chêne; on étala le contenu des paniers. Il y avait, comme à toutes les chasses, un pâté de volaille, un jambon, des œufs durs, du fromage, des marmelades, des confitures, un gros baba, une énorme brioche et quelques bouteilles de vieux vin. Tous les chasseurs, jeunes et vieux, avaient grand appétit, et mangèrent à effrayer les passants. Pourtant la grand'mère avait si largement pourvu aux faims les plus voraces, que la moitié des provisions restèrent aux gardes et aux gens de la ferme. Les chiens avaient la soupe pour apaiser leur faim, et l'eau de la mare pour se désaltérer.

« Vous n'avez donc pas été heureux, enfants? dit le papa d'Auguste. Cadichon ne marchait pas comme un âne trop chargé.

AUGUSTE.

Ce n'est pas étonnant, papa, nous n'avions pas de chiens; vous les aviez tous.

LE PÈRE.

Ah! tu crois qu'un, deux, trois chiens vous auraient fait tuer des perdreaux qui vous passaient sous le nez.

AUGUSTE.

Ils ne les auraient pas fait tuer, papa, mais ils auraient cherché et rapporté ceux que nous avons tués, et alors....

ON S'ASSIT PARTERRE
SOUS UN VIEUX CHÊNE; ON ÉTALA
LE CONTENU DES PANIERS.

LE PÈRE, *interrompant d'un air surpris.*

Ceux que vous avez tués! Vous croyez avoir tué des perdreaux?

AUGUSTE.

Certainement, papa; seulement, comme nous ne les voyions pas tomber, nous ne pouvions pas les ramasser.

LE PÈRE, *de même.*

Et tu crois que, s'il en était tombé, vous ne les auriez pas vus?

AUGUSTE.

Non, car nous n'avons pas d'aussi bons yeux que les chiens. »

Le père, les oncles, les gardes même partirent d'un éclat de rire qui rendit les enfants rouges de colère.

« Écoutez, dit enfin le papa de Pierre et de Henri, puisque c'est faute de chiens que votre gibier a été perdu, vous allez avoir chacun le vôtre quand nous nous remettrons en chasse.

PIERRE.

Mais les chiens ne voudront pas nous suivre, papa, ils ne nous connaissent pas autant que vous.

LE PÈRE.

Pour les obliger à vous suivre, nous vous donnerons les deux gardes, et nous ne partirons qu'une demi-heure après vous, afin que les chiens n'aient pas la tentation de nous rejoindre.

PIERRE, *radieux.*

Oh! merci, papa! A la bonne heure! avec les

chiens, nous sommes bien sûrs de tuer autant que vous. »

Le déjeuner finissait, on était reposé, et les jeunes chasseurs étaient pressés de se remettre en chasse avec les chiens et les gardes.

« Nous allons avoir l'air de vrais chasseurs », dirent-ils d'un air satisfait.

Les voilà partis encore une fois, et moi suivant comme avant le déjeuner, mais toujours de loin. Les papas avaient dit aux gardes de marcher près des enfants, et d'empêcher toute imprudence. Les perdrix partaient de tous côtés comme le matin, les jeunes gens tiraient comme le matin, et ne tuaient rien comme le matin. Pourtant les chiens faisaient bien leur office; ils quêtaient, ils arrêtaient, seulement ils ne rapportaient pas, puisqu'il n'y avait rien à rapporter. Enfin, Auguste, impatienté de tirer sans tuer, voit un des chiens en arrêt; il croit qu'en tirant avant que la perdrix parte, il la tuera plus facilement. Il vise, il tire,... le chien tombe en se débattant et en poussant un cri de douleur.

« Corbleu! c'est notre meilleur chien! » s'écria le garde en s'élançant vers lui.

Quand il arriva, le chien expirait. Le coup l'avait frappé à la tête; il était sans mouvement et sans vie.

« Voilà un beau coup que vous avez fait là, monsieur Auguste! dit le garde en laissant retomber le pauvre animal. Je crois bien que voilà la chasse finie. »

Auguste restait immobile et consterné; Pierre et Henri étaient très émus de la mort du chien; le garde concentrait sa colère et le regardait sans mot dire.

J'approchai pour voir quelle était la malheureuse victime de la maladresse et de l'amour-propre d'Auguste. Quelle ne fut pas ma douleur en reconnaissant Médor, mon ami, mon meilleur ami! Et quels ne furent pas mon horreur et mon chagrin quand je vis le garde relever Médor, et le poser dans un des paniers que je portais sur mon dos! Voilà donc le gibier que j'étais condamné à rapporter! Médor, mon ami, tué par un mauvais garçon maladroit et orgueilleux.

Nous retournâmes du côté de la ferme, les enfants ne parlant pas, le garde laissant échapper de temps à autre un juron furieux, et moi ne trouvant de consolation que dans la réprimande sévère et l'humiliation que le meurtrier aurait à subir.

En arrivant à la ferme, nous y trouvâmes encore les chasseurs, qui, n'ayant plus de chiens, préféraient se reposer et attendre le retour des enfants.

« Déjà! s'écrièrent-ils en nous voyant revenir.

LE PAPA DE PIERRE.

Je crois, en vérité, qu'ils ont tué une grosse pièce. Cadichon marche comme s'il était chargé, et un des paniers penche comme s'il contenait quelque chose de lourd. »

Ils se levèrent et vinrent à nous. Les enfants res-

taient en arrière; leur mine confuse frappa ces messieurs.

LE PÈRE D'AUGUSTE, *riant*.

Ils n'ont pas trop l'air de triomphateurs!

LE PAPA DE PIERRE, *riant*.

Ils ont peut-être tué un veau ou un mouton qu'ils auront pris pour un lapin.

Le garde approcha.

LE PAPA.

Qu'y a-t-il donc, Michaud? Tu as l'air aussi penaud que les chasseurs.

— C'est qu'il y a de quoi, m'sieur, répondit le garde. Nous rapportons un triste gibier.

LE PAPA, *riant*.

Qu'est-ce donc? dit le papa en riant. Un mouton, un veau, un ânon?

LE GARDE.

Ah! m'sieur, il n'y a pas de quoi rire, allez! C'est votre chien Médor, le meilleur de la bande, que M. Auguste a tué, le prenant pour une perdrix.

LE PAPA.

Médor! le maladroit! Si jamais il revient chasser ici!...

— Approchez, Auguste, lui dit son père. Voilà donc où vous ont mené votre sot orgueil et votre ridicule présomption! Faites vos adieux à vos amis, monsieur; vous allez retourner sur l'heure à la maison, et vous porterez votre fusil dans ma chambre pour n'y plus toucher, jusqu'à ce que vous ayez pris de la raison et de la modestie.

— Mais, papa, répondit Auguste d'un air dégagé, je ne sais pas pourquoi vous êtes si fâché. Il arrive très souvent qu'on tue des chiens, à la chasse.

— Des chiens!... On tue des chiens! s'écria le père stupéfait. En vérité, c'est par trop fort.... Où avez-vous pris ces belles notions de chasse, monsieur?

— Mais, papa, dit Auguste toujours du même air dégagé, tout le monde sait qu'il arrive très

« Ils n'ont pas trop l'air de triomphateurs! »

souvent aux grands chasseurs de tuer des chiens.

— Mes chers amis, dit le père en se retournant vers ces messieurs, veuillez m'excuser de vous avoir amené un garçon malappris comme Auguste. Je ne croyais pas qu'il fût capable de tant d'impudence et de sottise. »

Puis, se retournant vers son fils :

« Vous avez entendu mes ordres, monsieur, allez.

AUGUSTE.

Mais, papa.

LE PÈRE, *d'une voix sévère.*

Silence! vous dis-je. Pas un mot, si vous ne voulez faire connaissance avec la baguette de mon fusil. »

Auguste baissa la tête et se retira tout confus.

« Vous voyez, mes enfants, dit le papa de Pierre et de Henri, où mène la présomption, c'est-à-dire la croyance d'un mérite qu'on n'a pas. Ce qui arrive à Auguste aurait pu vous arriver aussi. Vous vous êtes tous figuré que rien n'était plus facile que de bien tirer, qu'il suffisait de vouloir pour tuer; voyez le résultat : vous avez été tous trois ridicules dès ce matin; vous avez méprisé nos conseils et notre expérience; et enfin vous êtes tous trois la cause de la mort de mon pauvre Médor. Je vois, d'après cela, que vous êtes trop jeunes pour chasser. Dans un an ou deux nous verrons. Jusque-là retournez à vos jardins et à vos amusements d'enfants. Tout le monde s'en trouvera mieux. »

Pierre et Henri baissèrent la tête sans répondre. On rentra tristement à la maison; les enfants voulurent enterrer eux-mêmes dans le jardin mon malheureux ami, dont je vais vous raconter l'histoire. Vous verrez pourquoi je l'aimais tant.

XVI

MÉDOR

Je connaissais Médor depuis longtemps ; j'étais jeune, et il était plus jeune encore quand nous nous sommes connus et aimés. Je vivais alors misérablement chez ces méchants fermiers qui m'avaient acheté à un marchand d'ânes, et de chez lesquels je m'étais sauvé avec tant d'habileté. J'étais maigre, car je souffrais sans cesse de la faim. Médor, qu'on leur avait donné comme chien de garde, et qui s'est trouvé être un superbe et excellent chien de chasse, était moins malheureux que moi ; il amusait les enfants, qui lui donnaient du pain et des restes de laitage ; de plus, il m'a avoué que lorsqu'il pouvait se glisser à la laiterie avec la maîtresse ou la servante, il trouvait toujours moyen d'attraper quelques gorgées de lait ou de crème, et de saisir les petits morceaux de

beurre qui sautaient de la baratte pendant qu'on le faisait. Médor était bon; ma maigreur et ma faiblesse lui firent pitié; un jour il m'apporta un morceau de pain, et me le présenta d'un air triomphant.

« Mange, mon pauvre ami, me dit-il dans son langage; j'ai assez du pain qu'on me donne pour me nourrir, et toi, tu n'as que des chardons et de mauvaises herbes en quantité à peine suffisante pour te faire vivre.

— Bon Médor, lui répondis-je, tu te prives pour moi, j'en suis certain. Je ne souffre pas autant que tu le penses; je suis habitué à peu manger, à peu dormir, à beaucoup travailler et à être battu.

— Je n'ai pas faim, mon ami, me dit Médor, je t'assure que je n'ai pas faim. Prouve-moi ton amitié en acceptant mon petit présent. C'est bien peu de chose, mais je te l'offre avec plaisir, et si tu me refusais, j'en aurais du chagrin.

— Alors j'accepte, mon bon Médor, lui répondis-je, parce que je t'aime; et je t'avoue que ce pain me fera grand bien, car j'ai faim. »

Et je mangeai le pain du bon Médor, qui regardait avec joie l'empressement avec lequel je broyais et j'avalais. Je me sentis tout remonté par ce repas inaccoutumé; je le dis à Médor, croyant par là lui mieux témoigner ma reconnaissance; il en résulta que tous les jours il m'apportait le plus gros morceau de ceux qu'on lui donnait. Le soir, il venait se coucher près de moi sous l'arbre

ou le buisson que je choisissais pour passer ma nuit ; nous causions alors sans que personne pût nous entendre, car nous causions sans parler. Nous autres animaux, nous ne prononçons pas des paroles comme les hommes, mais nous nous comprenons par des clignements d'yeux, des mouvements de tête, d'oreilles, de la queue, et nous causons entre nous tout comme les hommes.

Un soir, je le vis arriver triste et abattu.

« Mon ami, me dit-il, je crains de ne plus pouvoir à l'avenir t'apporter une partie de mon pain ; les maîtres ont décidé que j'étais assez grand pour être attaché toute la journée, qu'on ne me lâcherait qu'à la nuit. De plus, la maîtresse a grondé les enfants de ce qu'ils me donnaient trop de pain ; elle leur a défendu de me rien donner à l'avenir, parce qu'elle voulait me nourrir elle-même, et peu, pour me rendre bon chien de garde.

— Mon bon Médor, lui dis-je, si c'est le pain que tu m'apportes qui te tourmente, rassure-toi, je n'en ai plus besoin ; j'ai découvert ce matin un trou dans le mur du hangar à foin ; j'en ai déjà tiré un peu, et je pourrai facilement en manger tous les jours.

— En vérité ! s'écria Médor, je suis heureux de ce que tu me dis ; mais j'avais pourtant un grand plaisir à partager mon pain avec toi. Et puis, être attaché tout le jour, ne plus venir te voir, c'est triste. »

Nous causâmes encore quelque temps, il me quitta fort tard.

« J'aurai le temps de dormir le jour, disait-il ; et toi tu n'as pas grand'chose à faire dans cette saison-ci. »

Toute la journée du lendemain se passa en effet sans que je visse mon pauvre ami. Vers le soir, je l'attendais avec impatience, lorsque j'entendis ses cris. Je courus près de la haie ; je vis la méchante fermière qui le tenait par la peau du cou, pendant que Jules le frappait avec le fouet du charretier.

« Je me jetai sur Jules. »

Je m'élançai au travers de la haie par une brèche mal fermée ; je me jetai sur Jules, et je le mordis au bras de façon à lui faire tomber le fouet des mains. La fermière lâcha Médor, qui se sauva : c'est ce que je voulais ; je lâchai aussi le bras de Jules, et j'allais retourner dans mon enclos, lorsque je me sentis saisir par les oreilles ; c'était la fermière, qui, dans sa colère, criait à Jules :

« Donne-moi le grand fouet, que je corrige ce mauvais animal ! Jamais plus méchant âne n'a été vu en ce monde. Donne donc, ou claque-le toi-même.

— Je ne peux pas remuer le bras, dit Jules en pleurant; il est tout engourdi. »

La fermière saisit le fouet tombé à terre, et courut à moi pour venger son méchant garçon. Je n'eus pas la sottise de l'attendre, comme vous pou-

La méchante femme était rendue. (Page 174.)

vez bien penser. Je fis un saut et m'éloignai quand elle fut près de m'atteindre; elle continua à me poursuivre et moi à me sauver, ayant grand soin de me tenir hors de la portée du fouet. Je m'amusai beaucoup à cette course; je voyais la colère de ma maîtresse augmenter à mesure qu'elle se fatiguait; je la faisais courir et suer sans me donner de mal;

la méchante femme était en nage, était rendue, sans avoir eu le plaisir de m'attraper seulement du bout de son fouet. Mon ami était suffisamment vengé quand la promenade fut terminée. Je le cherchai des yeux, car je l'avais vu courir du côté de mon enclos; mais il attendait, pour se montrer, le départ de sa cruelle maîtresse.

« Misérable! scélérat! cria l'enragée fermière en se retirant; tu me le payeras quand tu seras sous le bât. »

Je restai seul. J'appelai; Médor sortit timidement la tête du fossé où il s'était caché; je courus à lui.

« Viens! lui dis-je. Elle est partie. Qu'as-tu fait? Pourquoi te faisait-elle battre par Jules?

— Parce que j'avais saisi un morceau de pain qu'un des enfants avait posé par terre : elle m'a vu, s'est élancée sur moi, a appelé Jules, et lui a ordonné de me battre sans pitié.

— Est-ce que personne n'a cherché à te défendre?

— Me défendre! Ah oui! vraiment! ils ont tous crié : « C'est bien fait! c'est bien fait! Fouette-le, « Jules, pour qu'il ne recommence pas. — Soyez « tranquilles, répondit Jules, je n'irai pas de main-« morte; vous allez voir comme je vais le faire « chanter. » Et à mon premier cri ils ont tous battu des mains et crié : « Bravo! Encore, en-« core! »

— Méchants petits drôles! m'écriai-je. Mais

pourquoi as-tu pris ce morceau de pain, Médor?
Est-ce qu'on ne t'avait pas donné ton souper?

— Si fait, si fait. J'avais mangé; mais le pain de ma soupe était si émietté, que je n'ai pu en rien retirer pour toi, et si j'avais pu emporter ce gros morceau que les enfants avaient fait tomber, tu aurais eu un bon régal.

— Mon pauvre Médor, c'est pour moi que tu as été battu!... Merci, mon ami, merci; je n'oublierai jamais ton amitié, ta bonté!... Mais ne recommence pas, je t'en supplie; crois-tu que ce pain m'eût fait plaisir, si j'avais su ce qu'il devait te faire souffrir? J'aimerais cent fois mieux ne vivre que de chardons, et te savoir bien traité et heureux. »

Nous causâmes longtemps encore, et je fis promettre à Médor de ne plus se mettre, à cause de moi, dans le cas d'être battu; je lui promis aussi de faire toutes sortes de tours à tous les gens de la ferme, et je tins parole. Un jour, je jetai dans un fossé plein d'eau Jules et sa sœur, et je me sauvai, les laissant barboter et se débattre. Un autre jour, je poursuivis le petit de trois ans comme si j'avais voulu le mordre; il criait et courait avec une terreur qui me réjouissait. Une autre fois, je fis semblant d'être pris de coliques, et je me roulai sur la grande route avec une charge d'œufs sur le dos; tous les œufs furent écrasés; la fermière, quoique furieuse, n'osait pas me frapper; elle me croyait réellement malade; elle pensa que

j'allais mourir, que l'argent que je leur avais coûté serait perdu, et, au lieu de me battre, elle me ramena et me donna du foin et du son. Je n'ai jamais fait un meilleur tour de ma vie, et le soir, en le racontant à Médor, nous nous pâmions de rire. Une autre fois, je vis tout leur linge étalé sur la haie pour sécher. Je pris toutes les pièces l'une après l'autre avec mes dents, et je les jetai dans le jus du fumier. Personne ne m'avait vu faire; quand la maîtresse ne trouva plus son linge, et qu'après l'avoir cherché partout elle le trouva dans le jus du fumier, elle se mit dans une épouvantable colère; elle battit la servante, qui battit les enfants, qui battirent les chats, les chiens, les veaux, les moutons. C'était un vacarme charmant pour moi, car tous criaient, tous juraient, tous étaient furieux. Ce fut encore une soirée bien gaie que nous passâmes, Médor et moi.

En réfléchissant depuis à toutes ces méchancetés, je me les suis sincèrement reprochées, car je me vengeais sur des innocents des fautes des coupables. Médor me blâmait quelquefois, et me conseillait d'être meilleur et plus indulgent; mais je ne l'écoutais pas, je devenais de plus en plus méchant; j'en ai été bien puni, comme on le verra plus tard.

Un jour, jour de tristesse et de deuil, un monsieur qui passait vit Médor, l'appela, le caressa; puis il alla parler au fermier, et le lui acheta pour cent francs. Le fermier, qui croyait avoir un chien

Elle se mit dans une épouvantable colère, elle battit sa servante.

de peu de valeur, était enchanté ; mon pauvre ami fut immédiatement attaché avec un bout de corde, et emmené par son nouveau maître ; il me regarda d'un air douloureux ; je courus de tous côtés pour chercher un passage dans la haie, les brèches étaient bouchées ; je n'eus même pas la consolation de recevoir les adieux de mon cher Médor. Depuis ce jour je m'ennuyai mortellement ; ce fut peu de temps après qu'eut lieu l'histoire du marché, et ma fuite dans la forêt de Saint-Évroult. Pendant les années qui ont suivi cette aventure, j'ai souvent, bien souvent pensé à mon ami, et j'ai bien désiré le retrouver ; mais où le chercher? J'avais su que son nouveau maître n'habitait pas le pays, qu'il n'y était venu que pour voir un de ses amis.

Quand je fus amené chez votre grand'mère par mon petit Jacques, jugez de mon bonheur en voyant quelque temps après arriver, avec votre oncle et vos cousins Pierre et Henri, mon ami, mon cher Médor. Il fallait voir la surprise générale lorsqu'on vit Médor courir à moi, me faire mille caresses, et moi le suivre partout. On crut que c'était pour Médor la joie de se trouver à la campagne ; pour moi, on pensa que j'étais bien aise d'avoir un compagnon de promenade. Si l'on avait pu nous comprendre, deviner nos longues conversations, on aurait compris ce qui nous attirait l'un vers l'autre.

Médor fut heureux de tout ce que je lui ra-

contais de ma vie calme et heureuse, de la bonté de mes maîtres, de ma bonne et même glorieuse réputation dans le pays ; il gémit avec moi au récit de mes tristes aventures ; il rit, tout en me blâmant, des tours que j'avais joués au fermier qui m'avait acheté du père Georget ; il frémit d'orgueil au récit de mon triomphe dans la course d'ânes ; il gémit de l'ingratitude des parents de la pauvre Pauline, et il versa quelques larmes sur le triste sort de cette malheureuse enfant.

XVII

LES ENFANTS DE L'ÉCOLE

Médor s'était écarté un jour de la maison où il était né, et où il vivait assez heureux; il poursuivait un chat qui lui avait enlevé un morceau de viande donné par le cuisinier. On la trouvait trop avancée; Médor, qui n'était pas si délicat, l'avait saisie et posée près de sa niche, lorsque le chat, caché à côté, s'élança dessus et l'emporta. Mon ami ne faisait pas souvent d'aussi friands repas; il courut à toutes jambes après le voleur, et l'aurait bientôt attrapé, si le méchant chat n'avait imaginé de grimper sur un arbre. Médor ne pouvait le suivre si haut; il fut donc obligé de regarder le fripon dévorer sous ses yeux l'excellent morceau qu'il avait dérobé. Justement irrité d'une semblable effronterie, il resta au pied de l'arbre, aboyant, grondant, et faisant mille re-

proches. Ses aboiements attirèrent des enfants qui sortaient de l'école; ils se joignirent à Médor pour injurier le chat; ils finirent même par ramasser des pierres et lui en jeter : c'était une véritable grêle. Le chat se sauva au haut de l'arbre, se cacha dans les endroits les plus touffus : ce qui n'empêcha pas les méchants garçons de continuer leur jeu et de faire des hourras de joie chaque fois qu'un miaulement plaintif leur apprenait que le chat avait été touché et blessé.

Médor commençait à s'ennuyer de ce jeu; les miaulements douloureux du chat avaient fait passer sa colère, et il craignait que les enfants ne fussent trop cruels. Il se mit donc à aboyer contre eux et à les tirer par leurs blouses; ils n'en continuèrent pas moins à lancer des pierres; seulement, ils en jetèrent aussi quelques-unes à mon pauvre ami. Enfin, un cri rauque et horrible, suivi d'un craquement dans les branches, annonça qu'ils avaient réussi, que le chat était grièvement blessé, et qu'il tombait de l'arbre. Une minute après, il était par terre, non seulement blessé, mais raide mort; il avait eu la tête brisée par une pierre. Les méchants enfants se réjouirent de leur succès, au lieu de pleurer sur leur cruauté et sur les souffrances qu'ils avaient fait endurer à ce pauvre animal. Médor regardait son ennemi d'un air compatissant, et les garçons d'un air de reproche; il allait retourner à la maison, lorsqu'un des enfants s'écria :

Le chat se sauva au haut de l'arbre.

« Faisons-lui prendre un bain dans la rivière, ce sera très amusant.

— Bien dit, bien imaginé ! s'écrièrent les autres. Attrape-le, Frédéric ; le voilà qui se sauve. »

Et voilà Médor poursuivi par ces méchants vauriens, eux et lui courant à toutes jambes ; ils étaient malheureusement une douzaine, qui s'étaient espacés, ce qui l'obligeait à toujours courir droit devant lui, car, aussitôt qu'il cherchait à leur échapper à droite ou à gauche, tous l'entouraient, et il retardait ainsi sa fuite au lieu de l'accélérer. Il était bien jeune alors, il n'avait que quatre mois ; il ne pouvait courir vite ni longtemps ; il finit donc par être pris. L'un le saisit par la queue, l'autre par la patte, d'autres par le cou, les oreilles, le dos, le ventre ; ils le tiraient chacun de leur côté, et s'amusaient de ses cris. Enfin ils lui attachèrent au cou une ficelle qui le serrait à l'étrangler, le tirèrent après eux, et le firent avancer avec force coups de pied ; ils arrivèrent ainsi jusqu'à la rivière ; l'un d'eux allait l'y jeter après avoir défait la ficelle ; mais le plus grand s'écria :

« Attends, donne-moi la ficelle, attachons-lui deux vessies au cou pour le faire nager, nous le pousserons jusqu'à l'usine, et nous le ferons passer sous la roue. »

Le pauvre Médor se débattait vainement ; que pouvait-il faire contre une douzaine de gamins dont les plus jeunes avaient pour le moins dix ans ? André, le plus méchant de la bande, lui attacha les

deux vessies autour du cou, et le lança au beau milieu de la petite rivière. Mon malheureux ami, poussé par le courant plus encore que par les perches que tenaient ses bourreaux, était à moitié noyé et à moitié étranglé par la ficelle que l'eau avait resserrée. Il arriva ainsi jusqu'à l'endroit où l'eau se précipitait avec violence sous la roue de l'usine. Une fois sous la roue, il devait nécessairement y être broyé.

Les ouvriers revenaient de dîner, et s'apprêtaient à lever la pale qui retenait l'eau. Celui qui devait la lever aperçut Médor, et s'adressa aux méchants enfants qui attendaient en riant que la pale, une fois levée, laissât passer Médor, et que l'eau l'entraînât sous la roue.

« Encore un de vos méchants tours, mauvais garnements. Eh! les amis, à moi! Venez corriger ces gamins qui s'amusent à noyer un pauvre chien. »

Ses camarades accoururent, et, pendant qu'il sauvait Médor en lui tendant une planche, sur laquelle il monta, les autres firent la chasse à ses tourmenteurs, les attrapèrent tous, et les fouettèrent, les uns avec des cordes, les autres avec des fouets, d'autres avec des baguettes. Ils criaient tous à qui mieux mieux; les ouvriers n'en tapaient que plus fort. Enfin ils les laissèrent aller, et la bande partit, criant, hurlant et se frottant les reins.

Le sauveur de Médor avait coupé la ficelle qui

Ils les fouetteront avec des cordes.

l'étranglait; il l'avait couché au soleil sur du foin; Médor fut bientôt sec et prêt à retourner à la maison. Le forgeron l'y ramena, mais on lui dit qu'il pouvait bien le garder, qu'on avait déjà trop de chiens, et qu'on jetterait celui-là à l'eau avec une pierre au cou s'il ne voulait pas l'emmener. C'était un brave homme; il eut pitié de Médor et le ramena chez lui. Quand sa femme vit le chien, elle jeta les hauts cris, disant que son mari la ruinait, qu'elle n'avait pas de quoi nourrir un animal propre à rien, qu'il faudrait encore payer l'impôt sur les chiens.

Enfin, elle cria et se plaignit si haut, que le mari, pour avoir la paix, se débarrassa de Médor, en le donnant au méchant fermier chez lequel je vivais déjà, et qui avait besoin d'un chien de garde.

Voilà comment Médor et moi nous nous sommes connus, et voilà pourquoi nous nous sommes aimés.

XVIII

LE BAPTÊME

Pierre et Camille devaient être parrain et marraine d'un enfant qui venait de naître, et dont la mère avait été bonne de Camille.

Camille voulait qu'on donnât son nom à sa filleule.

« Pas du tout, dit Pierre; puisque je suis le parrain, j'ai droit de lui donner un nom, et je veux l'appeler Pierrette.

CAMILLE.

Pierrette! mais c'est un affreux nom! Pas du tout, je ne veux pas qu'elle s'appelle Pierrette. Elle s'appellera Camille; je suis la marraine, et j'ai le droit de l'appeler comme moi.

PIERRE.

Non; c'est le parrain qui a le plus de droits, et je l'appellerai Pierrette.

CAMILLE.

Si tu l'appelles Pierrette, je ne veux pas être marraine.

PIERRE.

Si tu l'appelles Camille, je ne veux pas être parrain.

CAMILLE.

Eh bien! faites comme vous voulez; je demanderai à papa d'être parrain à votre place.

PIERRE.

Et moi, mademoiselle, je demanderai à maman d'être marraine à votre place.

CAMILLE.

D'abord, je suis sûre que ma tante ne voudra pas qu'elle s'appelle Pierrette; c'est affreux et ridicule!

PIERRE.

Et moi je suis certain que mon oncle ne voudra pas qu'elle s'appelle Camille; c'est horrible et bête!

CAMILLE.

Et comment donc m'a-t-il appelé Camille, moi? Va lui dire que c'est un nom horrible et bête; va, mon bonhomme, et tu verras comme tu seras bien reçu.

PIERRE.

Enfin, tu diras ce que tu voudras, mais je dis que je ne serai pas parrain d'une Camille.

— Papa, dit malicieusement Camille en courant à son père, voulez-vous être parrain avec moi de la petite Camille?

LE PAPA.

Quelle Camille, chère Minette? je ne connais de Camille que toi.

CAMILLE.

C'est ma petite filleule, papa, que je veux appeler Camille quand on la baptisera aujourd'hui.

LE PAPA.

Mais Pierre doit être parrain avec toi; on n'a jamais deux parrains.

CAMILLE.

Papa, Pierre ne veut plus l'être.

LE PAPA

Ne veut plus? Pourquoi ce caprice?

CAMILLE.

Parce qu'il trouve le nom de Camille horrible et bête, et qu'il veut l'appeler Pierrette.

LE PAPA.

Pierrette! Mais c'est bien ce nom-là qui serait horrible et bête.

CAMILLE.

C'est ce que je lui ai dit, papa; il ne veut pas me croire.

LE PAPA.

Ecoute, ma fille, tâche de t'entendre avec ton cousin. Mais, s'il persiste à ne vouloir être parrain qu'à la condition de l'appeler Pierrette, je le remplacerai très volontiers. »

Pendant cette conversation de Camille avec son papa, Pierre avait couru chez sa maman.

« Maman, lui dit-il, voulez-vous remplacer Ca-

mille, et être marraine avec moi de la petite fille qu'on doit baptiser aujourd'hui?

LA MAMAN.

Pourquoi donc remplacer Camille? La bonne demande que ce soit elle qui soit marraine.

PIERRE.

Maman, c'est parce qu'elle veut que la petite fille s'appelle Camille; je trouve ce nom très laid, et, comme je suis parrain, je veux qu'elle s'appelle Pierrette.

LA MAMAN.

Pierrette! Mais c'est un affreux nom! Autant Pierre est joli, autant Pierrette est ridicule.

PIERRE.

Oh! maman, je vous en prie, laissez-moi l'appeler Pierrette.... D'abord, je ne veux pas qu'elle s'appelle Camille.

LA MAMAN.

Mais, si aucun de vous ne veut céder, comment vous arrangerez-vous?

PIERRE.

Voilà pourquoi, maman, je viens vous demander de remplacer Camille pour appeler la petite Pierrette.

LA MAMAN.

Mon pauvre Pierre, d'abord je te dirai franchement que je ne veux pas non plus de Pierrette, parce que c'est un nom ridicule. Et puis la mère de l'enfant a été bonne de Camille et non pas la tienne, et tu penses bien que c'est surtout Camille

qu'elle veut avoir pour marraine de sa fille. Je crois même qu'elle sera contente que son enfant porte le nom de Camille.

PIERRE.

Alors je ne veux pas être parrain. »

Camille accourut au même instant.

CAMILLE.

Eh bien! Pierre, es-tu décidé? On va partir dans une heure; et il faut absolument un parrain.

PIERRE.

Je veux bien qu'elle ne s'appelle pas Pierrette, mais je ne veux pas qu'elle s'appelle Camille.

CAMILLE.

Puisque tu veux bien céder pour Pierrette, je veux bien aussi te céder pour Camille. Tiens, faisons une chose, demandons à ma bonne quel nom elle veut donner à sa fille!

PIERRE.

Tu as raison; va le lui demander.

Camille repartit en courant; elle revint bientôt.

« Pierre, Pierre, ma bonne veut que sa fille s'appelle Marie-Camille.

PIERRE.

Lui as-tu demandé s'il ne fallait pas l'appeler Pierrette, puisque je suis parrain?

CAMILLE.

Si, je le lui ai demandé : elle s'est mise à rire; maman a ri aussi : elles ont dit que c'était impossible, que Pierrette était trop laid. »

Pierre rougit un peu; pourtant, comme il com-

mençait lui-même à trouver Pierrette un nom ridicule, il ne dit rien et soupira.

« Où sont les dragées? demanda-t-il.

CAMILLE.

Dans un grand panier qu'on emportera à l'église. On laissera ici les boîtes et les paquets. Tout est prêt; viens voir combien il y en a. »

Ils coururent à l'antichambre, où tout était préparé.

PIERRE.

Pour quoi faire tous ces centimes? Il y en a presque autant que de dragées.

CAMILLE.

C'est pour jeter aux enfants de l'école.

PIERRE.

Comment, aux enfants de l'école? Nous irons donc à l'école après le baptême?

CAMILLE.

Mais non : c'est pour jeter à la porte de l'église. Tous les enfants du village sont rassemblés, et on jette en l'air des poignées de dragées et de centimes; ils les attrapent et les ramassent par terre.

PIERRE.

Est-ce que tu as déjà vu jeter des dragées?

CAMILLE.

Non, jamais, mais on dit que c'est très amusant.

PIERRE.

Je crois que je n'aimerai pas cela; bien certainement ils se battent, ils se font mal. Et puis je

n'aime pas qu'on jette les dragées aux enfants comme à des chiens.

— Camille, Pierre, venez, voici l'enfant qui arrive; on va bientôt partir », s'écria Madeleine qui arrivait tout essoufflée.

Tous partirent en courant pour aller au-devant de l'enfant.

« Oh! que notre filleule est belle! dit Pierre.

CAMILLE.

Je crois bien! elle a une robe brodée tout autour, un bonnet de dentelle, un manteau doublé de soie rose.

PIERRE.

Est-ce toi qui as donné tout cela?

CAMILLE.

Oh non! je n'avais pas assez d'argent; c'est maman qui a tout payé, excepté le bonnet, que j'ai acheté de mon argent. »

Tout le monde était prêt; quoiqu'il fît très beau temps, la calèche était attelée pour mener l'enfant avec sa nourrice, le parrain et la marraine. Camille et Pierre étaient fiers de se trouver, comme de grandes personnes. tout seuls dans la voiture. Ils partirent; moi, j'attendais, attelé à la petite voiture des enfants; Louis, Henriette, Jacques et Jeanne montèrent dedans; Madeleine et Elisabeth se mirent devant pour mener, et Henri grimpa derrière : les mamans, les papas et les bonnes étaient partis les uns après les autres pour se trouver près de nous en cas d'accident,

mais ce n'était que par excès de prudence, car, avec moi, ils savaient qu'il n'y avait rien à craindre.

Je partis au galop, malgré la charge que je traînais; mon amour-propre me poussait à atteindre et même à dépasser la calèche. J'allais comme le vent; les enfants étaient enchantés.

« Bravo! criaient-ils. Courage, Cadichon! Encore un temps de galop! Vive Cadichon, le roi des ânes! »

Ils battaient des mains, ils applaudissaient.

« Bravo! criaient les personnes que je dépassais sur la route. En voilà-t-il un âne! Il court tout comme un cheval. Allons, hardi, bonne chance et pas de culbute! »

Les papas et les mamans, qui étaient échelonnés le long du chemin, n'étaient pas très rassurés; ils voulurent me faire ralentir, mais je ne les écoutai pas, et je n'en galopai que mieux. Je ne tardai pas à rattraper la calèche; je passai triomphalement devant les chevaux, qui me regardaient avec surprise. Se trouvant humiliés, eux qui étaient partis avant, d'être dépassés par un âne, ils voulurent aussi se mettre au galop; mais le cocher les retint, et ils furent obligés de ralentir leur pas, tandis que j'allongeais le mien.

Quand la calèche arrêta à la porte de l'église, tous mes petits maîtres et maîtresses étaient déjà descendus de voiture, et moi, je m'étais rangé le long d'une haie pour avoir de l'ombre; j'avais chaud, j'étais essoufflé.

A mesure que les parents arrivaient, ils admiraient ma vitesse, et ils faisaient compliment aux enfants sur leur équipage.

Le fait est que nous faisions un bon effet, ma voiture et moi. J'étais bien brossé, bien peigné; mon harnais était ciré, verni; il était semé de pompons rouges; on m'avait mis des dahlias panachés rouge et blanc au-dessus des oreilles. La voiture était brossée, vernie. Nous avions très bon air.

J'entendis par la fenêtre ouverte la cérémonie du baptême; l'enfant cria comme si on l'égorgeait. Camille et Pierre, un peu embarrassés de leurs grandeurs, s'embrouillèrent en disant le *Credo*; le curé fut obligé de les souffler. Je jetai un coup d'œil à la fenêtre : je vis la pauvre marraine et le malheureux parrain rouges comme des cerises, et les larmes dans les yeux. Pourtant, ce qui leur arrivait était bien naturel, et arrive à bien des grandes personnes.

Quand la petite Marie-Camille fut baptisée, on sortit de l'église pour jeter aux enfants, qui attendaient à la porte, les dragées et les centimes. Aussitôt que le parrain et la marraine parurent, les enfants crièrent tous ensemble : « Vive le parrain! vive la marraine! »

Le panier de dragées était prêt; on l'apporta à Camille, pendant qu'on donnait à Pierre le panier de centimes. Camille prit une poignée et la fit retomber en pluie sur les enfants; là commença une véritable bataille, une vraie scène de chiens

affamés. Les enfants se disputaient les dragées et les centimes : tous se précipitaient vers le même point; ils s'arrachaient les cheveux; ils se battaient, ils se roulaient par terre, ils se disputaient chaque dragée et chaque centime. Il y en eut la moitié de perdus, foulés aux pieds, disparus dans l'herbe. Pierre ne riait pas; Camille, qui avait ri aux premières poignées, ne riait plus; elle voyait que les batailles étaient sérieuses, que plusieurs enfants pleuraient, que d'autres avaient la figure égratignée.

Quand ils furent remontés en voiture :

« Tu avais raison, Pierre, dit-elle; la première fois que je serai marraine, je donnerai les dragées à tous les enfants, mais je ne les jetterai pas.

— Ni moi les centimes, dit Pierre, je les donnerai comme toi. »

La voiture partit; je n'entendis pas la suite de leur conversation.

Les miens remontèrent dans mon équipage. Mais, cette fois, les papas et les mamans voulurent nous accompagner.

« Cadichon a produit son effet, dit la maman de Camille; il peut revenir plus sagement, ce qui nous permettra de faire la route avec vous.

— Maman, dit Madeleine, est-ce que vous aimez cet usage de jeter aux enfants des dragées et des centimes?

LA MAMAN.

Non, chère enfant, je trouve cela ignoble; les

Là commença une véritable bataille. (Page 199.)

enfants deviennent semblables à des chiens qui se battent pour un os. Si jamais je suis marraine dans ce pays-ci, je ferai donner des dragées, et je ferai porter aux pauvres l'argent qu'on dépense en centimes, perdus en grande partie.

MADELEINE.

Vous avez bien raison, maman ; tâchez, je vous en prie, que je sois aussi marraine pour faire comme vous dites.

LA MAMAN, *souriant*.

Pour être marraine, il faut avoir un enfant à baptiser, et je n'en connais pas.

MADELEINE.

C'est ennuyeux ! J'aurais été marraine avec Henri. Comment nommeras-tu ton filleul, Henri ?

HENRI.

Henri, comme de raison ; et toi ?

MADELEINE.

Je l'appellerai Madelon.

HENRI.

Quelle horreur ! Madelon ! D'abord ce n'est pas un nom.

MADELEINE.

C'est un nom tout comme Pierrette.

HENRI.

Pierrette est plus joli ; et puis, tu vois bien que Pierre a cédé.

— Je pourrai bien céder aussi, dit Madeleine en riant : mais nous avons le temps d'y penser. »

Nous arrivions au château ; chacun descendit de

voiture et alla défaire sa belle toilette; on m'enleva aussi mes pompons, mes dahlias, et je revins brouter mon herbe pendant que les enfants mangeaient leur goûter.

XIX

L'ANE SAVANT

Un jour, je vis accourir les enfants dans le pré où je mangeais paisiblement, tout près du château. Louis et Jacques jouaient auprès de moi, et s'amusaient à monter lestement sur mon dos; ils croyaient être agiles comme des faiseurs de tours, et ils étaient, je dois l'avouer, un peu patauds, surtout le bon petit Jacques, gros, joufflu, plus trapu et plus petit que son cousin. Louis parvenait quelquefois, en s'accrochant à ma queue, à grimper (il disait *s'élancer*) sur mon dos; Jacques faisait des efforts prodigieux pour y arriver à son tour; mais le bon petit gros roulait, tombait, soufflait, et ne pouvait y arriver qu'avec l'aide de son cousin, un peu plus âgé que lui. Pour leur épargner une si grande fatigue, je m'étais placé près d'une petite butte de terre. Louis avait déjà montré

son agilité; Jacques venait de se placer sans grand effort, lorsque nous entendîmes accourir la bande joyeuse. « Jacques, Louis, criaient-ils, nous allons bien nous amuser; nous allons à la foire après-demain, et nous verrons un âne savant.

JACQUES.

Un âne savant? Qu'est-ce que c'est qu'un âne savant?

ÉLISABETH.

C'est un âne qui fait toutes sortes de tours.

JACQUES.

Quels tours?

MADELEINE.

Des tours,... mais des tours,... des tours, enfin.

JACQUES.

Il n'en fera jamais comme Cadichon.

HENRI.

Bas! Cadichon! il est très bon et très intelligent pour un âne, mais il ne saurait pas faire ce que fera l'âne savant à la foire.

CAMILLE.

Je suis bien sûre que si on lui montrait, il le ferait.

PIERRE.

Voyons d'abord ce que fait cet âne savant, nous verrons après s'il est plus savant que Cadichon.

CAMILLE.

Pierre a raison, attendons jusqu'après la foire.

ÉLISABETH.

Eh bien, qu'est-ce que nous ferons après la foire?

— Nous nous disputerons », dit Madeleine en riant.

Jacques et Louis gardaient le silence depuis qu'ils s'étaient dit quelques mots à l'oreille; ils laissèrent partir les enfants. Après s'être assurés qu'on ne pouvait les voir ni les entendre, ils se mirent à danser autour de moi en riant et chantant :

> Cadichon, Cadichon,
> A la foire tu viendras;
> L'âne savant tu verras;
> Ce qu'il fait tu regarderas;
> Puis, comme lui tu feras;
> Tout le monde t'honorera;
> Tout le monde t'applaudira,
> Et nous serons fiers de toi.
> Cadichon, Cadichon,
> Je te prie, distingue-toi.

« C'est très joli ce que nous chantons, dit Jacques en s'arrêtant tout à coup.

LOUIS.

C'est que ce sont des vers, je crois bien que c'est joli !

JACQUES.

Des vers? Je croyais que c'était difficile de faire des vers.

LOUIS.

> Très facile, comme tu vois;
> Pas difficile, comme tu crois.

Vois-tu? en voilà encore.

JACQUES.

Courons le dire à mes cousines et cousins.

LOUIS.

Non, non, s'ils entendaient nos vers, ils devineraient ce que nous voulons faire; il faudra les surprendre à la foire même.

JACQUES.

Mais crois-tu que papa et mon oncle voudront bien nous laisser emmener Cadichon à la foire?

LOUIS.

Certainement, quand nous leur aurons dit en secret pourquoi nous voulons faire voir l'âne savant à Cadichon.

JACQUES.

Allons vite le leur demander. »

Les voilà courant tous deux vers la maison, les papas venaient justement au pré voir ce que faisaient les enfants. « Papa, papa! crièrent-ils, venez vite; nous avons quelque chose à vous demander.

— Parlez, enfants, que voulez-vous?

— Pas ici, papa, pas ici, dirent-ils d'un air mystérieux, chacun tirant son papa dans le pré.

— Qu'y a-t-il donc? dit en riant le papa de Louis. Dans quelle conspiration voulez-vous nous entraîner?

— Chut! papa, chut! dit Louis. Voilà ce que c'est. Vous savez qu'après-demain il y aura un âne savant à la foire?

LE PAPA *de Louis*.

Non, je ne le savais pas; mais qu'avons-nous affaire d'ânes savants, nous qui avons Cadichon?

LOUIS.

Voilà précisément ce que nous disons, papa, que Cadichon est plus savant qu'eux tous. Mes sœurs, mes cousines et cousins iront à la foire pour voir cet âne, et nous voudrions bien y mener Cadichon pour qu'il voie comment fait l'âne, et qu'il fasse de même.

LE PAPA *de Jacques*.

Comment? vous mettriez Cadichon dans la foule à regarder l'âne?

JACQUES.

Oui, papa, au lieu d'aller en voiture, nous monterions Cadichon, et nous nous mettrions tout près du cercle où l'âne savant fera ses tours.

LE PAPA *de Jacques*.

Je ne demande pas mieux, moi; mais je ne crois pas que Cadichon apprenne grand'chose en une seule leçon.

JACQUES.

N'est-ce pas, Cadichon, que tu sauras faire aussi bien que cet imbécile d'âne savant? »

En m'adressant cette question, Jacques me regardait d'un air si inquiet, que je me mis à braire pour le rassurer, tout en riant de son inquiétude.

« Entendez-vous, papa? Cadichon dit oui », s'écria Jacques avec triomphe.

Les deux papas se mirent à rire, embrassèrent

chacun leurs gentils petits garçons, et s'en allèrent en promettant que j'irais à la foire et qu'ils y viendraient avec les enfants et avec moi.

« Ah! me dis-je en moi-même, ils doutent de mon adresse! C'est étonnant que les enfants aient plus d'intelligence que les papas! »

Le jour de la foire arriva. Une heure avant le départ, on fit ma toilette bien à fond; on m'étrilla, on me brossa jusqu'à m'impatienter; on me mit une selle et une bride toutes neuves; Louis et Jacques demandèrent à partir un peu en avant, pour ne pas arriver en retard.

« Pourquoi irez-vous en avant, demanda Henri, et comment irez-vous?

LOUIS.

Nous irons sur Cadichon, et nous partons devant parce que nous n'irons pas vite.

HENRI.

Vous irez tous les deux seuls?

JACQUES.

Non, papa et mon oncle viennent avec nous.

HENRI.

Ce sera joliment ennuyeux de faire une lieue au pas.

LOUIS.

Oh! nous ne nous ennuierons point avec nos papas.

HENRI.

J'aime encore mieux aller en voiture, nous serons arrivés bien avant vous.

JACQUES.

Non, puisque nous partirons longtemps avant vous. »

Comme ils finissaient de parler, on m'amena tout sellé et tout pomponné ; les papas étaient prêts ; ils placèrent les petits garçons sur mon dos, et je partis doucement, pour ne pas faire courir les pauvres papas.

Une heure après, nous arrivions au champ de foire ; il y avait déjà beaucoup de monde près du cercle indiqué par une corde, où l'âne savant devait montrer son savoir-faire. Les papas de mes petits amis les firent placer avec moi tout près de la corde. Mes autres maîtres et maîtresses nous rejoignirent bientôt et se placèrent près de nous.

Un roulement de tambour annonça que mon savant confrère allait paraître. Tous les yeux étaient fixés sur la barrière ; elle s'ouvrit enfin, et l'âne savant parut. Il était maigre, chétif ; il avait l'air triste et malheureux. Son maître l'appela ; il approcha sans empressement, et même avec un air de crainte ; je vis d'après cela que le pauvre animal avait été bien battu pour apprendre ce qu'il savait.

« Messieurs et mesdames, dit le maître, j'ai l'honneur de vous présenter MIRLIFLORE, le prince des ânes. Cet âne, messieurs, mesdames, n'est pas si âne que ses confrères ; c'est un âne savant, plus savant que beaucoup d'entre vous : c'est l'âne par excellence, qui n'a pas son pareil. Allons, Mirliflore, montrez ce que vous savez faire ; et d'abord

saluez ces messieurs et ces dames comme un âne bien élevé. »

J'étais orgueilleux, ce discours me mit en colère; je résolus de me venger avant la fin de la séance.

Mirliflore avança de trois pas, et salua de la tête d'un air dolent.

« Va, Mirliflore, va porter ce bouquet à la plus jolie dame de la société. »

Je ris en voyant toutes les mains se tendre à moitié, et s'apprêter à recevoir le bouquet. Mirliflore fit le tour du cercle, et s'arrêta devant une grosse et laide femme, que j'ai su depuis être la femme du maître, et qui tenait du sucre dans sa main. Mirliflore y déposa ses fleurs.

Ce manque de goût m'indigna; je sautai dans le cercle par-dessus la corde, à la grande surprise de l'assemblée; je saluai gracieusement devant, derrière, à droite, à gauche, je marchai d'un pas résolu vers la grosse femme, je lui arrachai le bouquet, et j'allai le déposer sur les genoux de Camille; je retournai à ma place aux applaudissements de toute l'assemblée. Chacun se demandait ce que signifiait cette apparition; quelques personnes crurent que c'était arrangé d'avance, et qu'il y avait deux ânes savants au lieu d'un; d'autres qui me voyaient en compagnie de mes petits maîtres, et qui me connaissaient, étaient ravis de mon intelligence.

Le maître de Mirliflore semblait fort contrarié, Mirliflore paraissait indifférent à mon triomphe; je commençai à croire qu'il était réellement bête, ce

« Messieurs et mesdames le maître. (Page 211.)

qui est assez rare parmi nous autres ânes. Quand le silence fut rétabli, le maître appela de nouveau Mirliflore.

« Venez, Mirliflore, faites voir à ces messieurs et dames qu'après avoir su distinguer la beauté, vous savez aussi reconnaître la sottise; prenez ce

Je déposai le bouquet sur les genoux de Camille. (Page 212.)

bonnet, et posez-le sur la tête du plus sot de l'assemblée. »

Et il lui présenta un magnifique bonnet d'âne garni de sonnettes et de rubans de toutes couleurs. Mirliflore le prit entre ses dents, et se dirigea vers un gros garçon rouge, qui baissait d'avance la tête

pour recevoir le bonnet. Il était facile de reconnaître, à sa ressemblance avec la grosse femme si faussement proclamée la plus belle de la société, que ce gros garçon était le fils et le compère du maître.

« Voici, pensai-je, le moment de me venger des paroles insultantes de cet imbécile. »

Et, avant qu'on eût songé à me retenir, je m'élançai encore dans l'arène, je courus à mon confrère, je lui arrachai le bonnet d'âne au moment où il le posait sur la tête du gros garçon, et, avant que le maître eût eu le temps de se reconnaitre, je courus à lui, je mis mes pieds de devant sur ses épaules, et je voulus placer le bonnet sur sa tête. Il me repoussa avec violence, et il devint d'autant plus furieux, que les rires mêlés d'applaudissements se firent entendre de tous côtés.

« Bravo! l'âne, criait-on; c'est lui qui est le vrai âne savant! »

Enhardi par les applaudissements de la foule, je fis un nouvel effort pour le coiffer du bonnet d'âne; à mesure qu'il reculait, j'avançais, et nous finîmes par une course ventre à terre, l'homme se sauvait à toutes jambes, moi courant après lui, ne pouvant parvenir à lui mettre le bonnet, et ne voulant pourtant pas lui faire de mal. Enfin j'eus l'adresse de sauter sur son dos en passant mes pieds de devant sur ses épaules, et, m'appuyant de tout mon poids sur lui, il tomba; je profitai de sa chute pour enfoncer le bonnet sur

sa tête, et je l'enfonçai jusqu'au menton. Je me retirai immédiatement; l'homme se releva, mais, n'y voyant pas clair, et se sentant étourdi de sa chute, il se mit à tourner, à sauter. Et moi, pour compléter la farce, je me mis à l'imiter d'une façon grotesque, à tourner, à sauter comme lui;

Je profitai de sa chute pour enfoncer le bonnet sur sa tête.

j'interrompais parfois cette burlesque imitation en allant lui braire dans l'oreille, et puis je me mettais sur mes pieds de derrière, et je sautais comme lui, tantôt à côté, tantôt en face.

Dépeindre les rires, les bravos, les trépignements joyeux de toute l'assemblée est impossible;

jamais âne au monde n'eut un pareil succès, un pareil triomphe. Le cercle fut envahi par des milliers de personnes qui voulaient me toucher, me carosser, me voir de près. Ceux qui me connaissaient en étaient fiers; ils me nommaient à ceux qui ne me connaissaient pas; ils racontaient une foule d'histoires vraies et fausses dans lesquelles je jouais un rôle magnifique. Une fois, disait-on, j'avais éteint un incendie en faisant marcher une pompe tout seul; j'étais monté à un troisième étage, j'avais ouvert la porte de ma maîtresse, je l'avais saisie endormie sur son lit, et, comme les flammes avaient envahi tous les escaliers et fenêtres, je m'étais élancé du troisième étage, après avoir eu soin de placer ma maîtresse sur mon dos : ni elle ni moi, nous ne nous étions blessés, parce que l'ange gardien de ma maîtresse nous avait soutenus en l'air pour nous faire descendre à terre tout doucement. Une autre fois, j'avais tué à moi tout seul cinquante brigands en les étranglant les uns après les autres d'un seul coup de dent, de manière qu'aucun d'eux n'eût le temps de se réveiller et de donner l'alarme à ses camarades. J'avais été ensuite délivrer, dans les cavernes, cent cinquante prisonniers que ces voleurs avaient enchaînés pour les engraisser et les manger. Une autre fois, enfin, j'avais battu à la course les meilleurs chevaux du pays; j'avais fait en cinq heures vingt-cinq lieues sans m'arrêter.

A mesure que ces nouvelles se répandaient,

Les gendarmes furent obligés de faire écarter la foule. (Page 211.)

l'admiration augmentait; on se pressait, on s'étouffait autour de moi; les gendarmes furent obligés de faire écarter la foule. Heureusement que les parents de Louis, de Jacques et de tous mes autres maîtres avaient emmené les enfants dès que la foule s'était amassée autour de moi. J'eus beaucoup de peine à m'échapper, même avec le secours des gendarmes; on voulait me porter en triomphe. Je fus obligé, pour me soustraire à cet honneur, de donner par-ci par-là quelques coups de dents, et même de décocher quelques ruades; mais j'eus soin de ne blesser personne, c'était seulement pour faire peur et m'ouvrir un passage.

Une fois débarrassé de la foule, je cherchai Louis et Jacques; je ne les aperçus d'aucun côté. Je ne voulais pourtant pas que mes chers petits maîtres revinssent à pied jusque chez eux. Sans perdre mon temps à les chercher, je courus à l'écurie où l'on mettait toujours nos chevaux et nos harnais. J'y entrai, je ne les y trouvai plus; on était parti. Alors, courant à toutes jambes sur la grand'route qui menait au château, je ne tardai pas à rattraper les voitures, dans lesquelles on avait entassé les enfants sur les parents; ils étaient une quinzaine dans les deux calèches.

« Cadichon! voilà Cadichon! » s'écrièrent tous les enfants quand ils m'aperçurent.

On fit arrêter les voitures; Jacques et Louis demandèrent à descendre pour m'embrasser, me complimenter et revenir à pied; puis Jeanne et

Henriette, puis Pierre et Henri, puis enfin Élisabeth, Madeleine et Camille.

« Voyez-vous, disaient Louis et Jacques, que nous connaissons mieux que vous l'esprit de Cadichon ; voyez comme il a été intelligent ! Comme il a bien compris les tours de ce sot Mirliflore et son imbécile de maître !

— C'est vrai, dit Pierre ; mais je voudrais bien savoir pourquoi il a voulu absolument mettre le bonnet d'âne au maître. Est-ce qu'il a compris que le maître était un sot, et qu'un bonnet d'âne est le signe qui indique la sottise ?

CAMILLE.

Certainement, il l'a compris ; il a bien assez d'esprit pour cela.

ÉLISABETH.

Ah ! ah ! ah ! Tu dis cela parce qu'il t'a donné le bouquet comme à la plus jolie de l'assemblée.

CAMILLE.

Pas du tout, je n'y pensais pas, et, à présent que tu m'en parles, je me souviens que j'ai été étonnée, et que j'aurais voulu qu'il allât porter le bouquet à maman : c'est elle qui était la plus belle de l'assemblée.

PIERRE.

C'est toi qui la représentais, et puis je trouve, moi, qu'après ma tante l'âne ne pouvais mieux choisir.

MADELEINE.

Et moi donc, et moi, est-ce que je suis laide ?

PIERRE.

Certainement non, mais chacun a son goût, et le goût de Cadichon lui a fait choisir Camille.

ÉLISABETH.

Au lieu de parler de jolies ou de laides, nous devrions demander à Cadichon comment il a pu si bien comprendre ce que disait cet homme?

HENRIETTE.

Quel dommage que Cadichon ne puisse parler! que d'histoires il nous raconterait!

ÉLISABETH.

Qui sait s'il ne nous comprend pas? J'ai bien lu, moi, les Mémoires d'une poupée; est-ce qu'une poupée a l'air de voir et de comprendre? Cette poupée a écrit qu'elle entendait tout, qu'elle voyait tout.

HENRI

Est-ce que tu crois cela, toi?

ÉLISABETH.

Certainement, je le crois.

HENRI.

Comment la poupée a-t-elle pu écrire?

ÉLISABETH.

Elle écrivait la nuit avec une toute petite plume de colibri, et elle cachait ses Mémoires sous son lit.

MADELEINE.

Ne crois donc pas de pareilles bêtises, ma pauvre Élisabeth; c'est une dame qui a écrit ces Mémoires d'une poupée, et, pour rendre le livre plus amusant, elle a fait semblant d'être la poupée et d'écrire comme si elle était une poupée.

ÉLISABETH.

Tu crois que ce n'est pas une vraie poupée qui a écrit?

CAMILLE.

Certainement non. Comment veux-tu qu'une poupée, qui n'est pas vivante, qui est faite en bois, en peau et remplie de son, puisse réfléchir, voir, entendre, écrire? »

Tout en causant, nous arrivions au château; les enfants coururent tous à leur grand'mère, qui était restée à la maison. Ils lui racontèrent tout ce que j'avais fait et combien j'avais étonné et enchanté tout le monde.

« Mais il est vraiment merveilleux, ce Cadichon! s'écria-t-elle en venant me caresser. J'ai connu des ânes fort intelligents, plus intelligents que toute autre bête, mais jamais je n'en ai vu comme Cadichon! Il faut avouer qu'on est bien injuste envers les ânes. »

Je me retournai vers elle, et je la regardai avec reconnaissance.

« On dirait en vérité qu'il m'a comprise, continua-t-elle. Mon pauvre Cadichon, sois sûr que je ne te vendrai pas tant que je vivrai, et que je te ferai soigner comme si tu comprenais tout ce qui se fait autour de toi. »

Je soupirai en pensant à l'âge de ma vieille maîtresse; elle avait cinquante-neuf ans, et moi je n'en avais que neuf ou dix.

« Mes chers petits maîtres, quand votre grand'

mère mourra, gardez-moi, je vous prie, ne me vendez pas, et laissez-moi mourir en vous servant. »

Quant au malheureux maître de l'âne savant, je me repentis amèrement plus tard du tour que je lui avais joué, et vous verrez le mal que j'ai fait en voulant montrer mon esprit.

XX

LA GRENOUILLE

Le garçon orgueilleux qui avait tué mon ami Médor avait obtenu sa grâce, probablement à force de platitudes; on lui avait permis de revenir chez votre grand'mère. Je ne pouvais le souffrir, comme bien vous pensez, et je cherchais l'occasion de lui jouer quelque mauvais tour, car je n'étais guère charitable, et je n'avais pas encore appris à pardonner.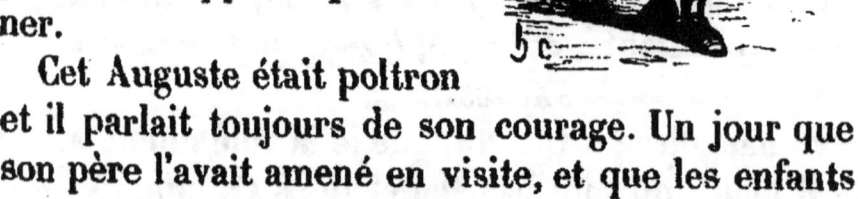

Cet Auguste était poltron et il parlait toujours de son courage. Un jour que son père l'avait amené en visite, et que les enfants

lui avaient proposé une promenade dans le parc, Camille, qui courait en avant, fit tout à coup un saut de côté et poussa un cri.

« Qu'as-tu donc? s'écria Pierre courant à elle.

CAMILLE.

J'ai eu peur d'une grenouille qui m'a sauté sur le pied.

AUGUSTE.

Vous avez peur des grenouilles, Camille? Moi, je n'ai peur de rien, d'aucun animal.

CAMILLE.

Pourquoi donc, l'autre jour, avez-vous sauté si haut, quand je vous ai dit qu'une araignée se promenait sur votre bras?

AUGUSTE.

Parce que j'avais mal compris ce que vous me disiez.

CAMILLE.

Comment, mal compris? C'était pourtant facile à comprendre.

AUGUSTE.

Certainement, si j'avais bien entendu; mais j'ai cru que vous disiez : « Une araignée se promène « là-bas ». J'ai sauté pour mieux voir, voilà tout.

PIERRE.

Par exemple! Ce n'est pas vrai, cela, car tu m'as dit tout en sautant : « Pierre, ôte-la, je t'en prie ».

AUGUSTE.

Je voulais dire : « Ote-toi, que je la voie mieux ».

— Il ment, dit tout bas Madeleine à Camille.

— Je le vois bien », répondit Camille de même.

Moi, j'écoutais la conversation, et j'en profitai, comme on va voir. Les enfants s'étaient assis sur l'herbe; je les avais suivis. En approchant d'eux, je vis une petite grenouille verte, de l'espèce qu'on appelle *gressel*; elle était tout près d'Auguste, dont la poche entr'ouverte rendait très facile ce que je projetais. J'approchai sans bruit; je saisis la grenouille par une patte, et je la mis dans la poche du petit vantard. Je m'éloignai ensuite, pour qu'Auguste ne pût deviner que c'était moi qui lui avais fait ce beau présent.

Je n'entendais pas bien ce qu'ils disaient, mais je voyais bien qu'Auguste continuait à se vanter de n'avoir peur de rien, et de ne pas même craindre les lions. Les enfants se récriaient là-dessus, lorsqu'il eut besoin de se moucher. Il entra sa main dans sa poche, la retira en poussant un cri de terreur, se leva précipitamment et cria :

« Otez-la, ôtez-la! Je vous en supplie, ôtez-la, j'ai peur! Au secours, au secours!

— Qu'avez-vous donc, Auguste? dit Camille moitié riant et moitié effrayée.

AUGUSTE.

Une bête, une bête! Otez-la, je vous en supplie.

PIERRE.

De quelle bête parles-tu? Où est cette bête?

AUGUSTE.

Dans ma poche! Je l'ai sentie, je l'ai touchée! Otez-la, ôtez-la; j'ai peur, je n'ose pas.

— Tu peux bien l'ôter toi-même, poltron que tu es, reprit Henri avec indignation.

ÉLISABETH.

Tiens! il a peur d'une bête qu'il a dans sa poche, et il veut que nous l'ôtions, quand il n'ose pas la toucher! »

Les enfants, après avoir été un peu effrayés, finirent par rire des contorsions d'Auguste. qui ne savait comment se débarrasser de la grenouille. Il la sentait gigoter et grimper dans sa poche. La

frayeur augmentait à chaque mouvement de la grenouille. Enfin, perdant la tête, fou de terreur, il ne trouva d'autre moyen de se débarrasser de l'animal, qu'il sentait remuer et qu'il n'osait toucher, qu'en ôtant son habit et le jetant à terre. Il resta en manches de chemise; les enfants éclatèrent de rire et se précipitèrent sur l'habit. Henri entr'ouvrit la poche de derrière; la grenouille prisonnière, voyant du jour, s'élança par l'ouverture, tout étroite qu'elle était, et chacun put voir un joli petit gresset effrayé,

« L'ENNEMI EST EN
FUITE »,
DIT CAMILLE EN RIANT
(Page 233.)

effaré, qui sautait et se dépêchait pour se mettre en sûreté.

CAMILLE, *riant*.

L'ennemi est en fuite.

PIERRE.

Prends garde qu'il ne coure après toi!

HENRI.

N'approche pas, il pourrait te dévorer!

MADELEINE.

Rien n'est dangereux comme un gresset!

ÉLISABETH.

Si ce n'était qu'un lion, Auguste se jetterait dessus; mais un gresset! Tout son courage ne pourrait le défendre de ses griffes.

LOUIS.

Et les dents que tu oublies!

JACQUES, *attrapant le gresset*.

Tu peux ramasser ton habit; je tiens ton ennemi prisonnier.

Auguste restait honteux et immobile devant les rires et les plaisanteries des enfants.

« Habillons-le, s'écria Pierre, il n'a pas la force de passer son habit.

— Prends garde qu'une mouche ou un moucheron ne se pose dessus, dit Henri; ce serait un nouveau danger à courir. »

Auguste voulut se sauver, mais tous les enfants, petits et grands, coururent après lui, Pierre tenant l'habit qu'il avait ramassé, les autres poursuivant le fuyard et lui coupant le passage. Ce fut

une chasse très amusante pour tous, excepté pour Auguste, qui, rouge de honte et de colère, courait à droite, à gauche, et rencontrait partout un ennemi. Je m'étais mis de la partie; je galopais devant et derrière lui, redoublant sa frayeur par mes braiments et par mes tentatives de le saisir par le fond de son pantalon; une fois je l'attrapai, mais il tira si fort, que le morceau me resta dans les dents, ce qui redoubla les rires des enfants. Je réussis enfin à le saisir solidement; il poussa un cri qui me fit croire que je tenais sous ma dent autre chose que l'étoffe du pantalon. Il s'arrêta tout court; Pierre et Henri accoururent les premiers; il voulut encore se débattre contre leurs efforts, mais je tirai légèrement, ce qui lui fit pousser un second cri et le rendit doux comme un agneau : il ne bougea pas plus qu'une statue pendant que Pierre et Henri lui enfilèrent son habit. Je le lâchai aussitôt qu'on n'eut plus besoin de mon aide, et je m'éloignai la joie dans le cœur, d'avoir si bien réussi à le rendre ridicule. Il ne sut jamais comment cette grenouille s'était trouvée dans sa poche, et depuis ce fortuné jour il n'osa plus parler de son courage... devant les enfants.

XXI

LE PONEY

Ma vengeance aurait dû être assouvie, mais elle ne l'était pas; je conservais contre le malheureux Auguste un sentiment de haine qui me fit commettre à son égard une nouvelle méchanceté, dont je me suis bien repenti depuis. Après l'histoire de la grenouille, nous fûmes débarrassés de lui pendant près d'un mois. Mais son père le ramena un jour, ce qui ne fit plaisir à personne.

« Que ferons-nous pour amuser ce garçon? demanda Pierre à Camille.

CAMILLE.

Propose-lui d'aller faire une partie d'âne dans les bois; Henri montera Cadichon, Auguste prendra l'âne de la ferme, et toi tu monteras ton poney.

PIERRE.

C'est une bonne idée que tu as là, pourvu qu'il veuille bien encore !

CAMILLE.

Il faudra bien qu'il veuille ; fais seller le poney et les ânes ; quand ils seront prêts, vous le ferez monter sur le sien. »

Pierre alla trouver Auguste, qui faisait enrager Louis et Jacques, en prétendant les aider de ses conseils pour embellir leur petit jardin ; il bouleversait tout, arrachait les légumes, replantait les fleurs, coupait les fraisiers, et mettait le désordre partout ; les pauvres petits cherchaient à l'en empêcher, mais il les repoussait d'un coup de pied, d'un coup de bêche, et lorsque Pierre arriva, il les trouva pleurant sur les débris de leurs fleurs et de leurs légumes.

« Pourquoi tourmentes-tu mes pauvres petits cousins ? lui demanda Pierre d'un air mécontent.

AUGUSTE.

Je ne les tourmente pas ; je les aide, au contraire.

PIERRE.

Mais puisqu'ils ne veulent pas être aidés ?

AUGUSTE.

Il faut leur faire du bien malgré eux.

LOUIS.

C'est parce qu'il est deux fois plus grand que nous, qu'il nous tourmente ; avec toi et Henri il n'oserait pas.

AUGUSTE.

Je n'oserais pas? Ne répète pas ce mot, petit.

JACQUES.

Non, tu n'oserais pas! Pierre et Henri sont plus forts qu'un gresset, je pense. »

A ce mot de *gresset*, Auguste rougit, leva les épaules d'un air de dédain, et, s'adressant à Pierre :

« Que me voulais-tu, cher ami? Tu avais l'air de me chercher quand tu es venu ici.

— Oui, je venais te proposer une partie d'âne, répondit Pierre d'un air froid; ils seront prêts dans un quart d'heure, si tu veux venir faire, avec Henri et moi, une promenade dans les bois.

— Certainement; je ne demande pas mieux », répliqua avec empressement Auguste, enchanté d'arrêter par la fuite les sarcasmes de Jacques et de Louis.

Pierre et Auguste allèrent à l'écurie, où ils demandèrent au cocher de seller le poney, mon camarade de la ferme et moi.

AUGUSTE.

Ah! vous avez un poney! J'aime beaucoup les poneys.

PIERRE.

C'est grand'mère qui me l'a donné.

AUGUSTE.

Tu sais donc monter à cheval?

PIERRE.

Oui; je monte au manège depuis deux ans.

AUGUSTE.

Je voudrais bien monter ton poney.

PIERRE.

Je ne te le conseille pas, si tu n'as pas appris à monter à cheval.

AUGUSTE.

Je n'ai pas appris, mais je monte tout aussi bien qu'un autre.

PIERRE.

As-tu jamais essayé?

AUGUSTE.

Bien des fois. Qui est-ce qui ne sait pas monter à cheval?

PIERRE.

Quand donc as-tu monté? ton père n'a pas de chevaux de selle.

AUGUSTE.

Je n'ai pas monté de chevaux, mais j'ai monté des ânes : c'est la même chose.

PIERRE, *retenant un sourire.*

Je te répète, mon cher Auguste, que si tu n'as jamais monté à cheval, je ne te conseille pas de monter mon poney.

AUGUSTE, *piqué.*

Et pourquoi donc? Tu peux bien me le céder une fois en passant.

PIERRE.

Oh! ce n'est pas pour te refuser; c'est parce que le poney est un peu vif, et....

AUGUSTE, *de même.*

Et alors?...

PIERRE.

Eh bien, alors,... il pourrait te jeter par terre.

AUGUSTE, *très piqué.*

Sois tranquille, je suis plus adroit que tu ne le penses. Si tu veux bien t'en priver pour moi, sois sûr que je saurai le mener tout aussi bien que toi-même.

PIERRE.

Comme tu voudras, mon cher. Prends le poney, je prendrai l'âne de la ferme, et Henri montera Cadichon.

Henri les vint rejoindre; nous étions tout prêts à partir. Auguste approcha du poney, qui s'agita un peu et fit deux ou trois petits sauts. Auguste le regarda d'un air inquiet.

« Tenez-le bien jusqu'à ce que je sois dessus, dit-il.

LE COCHER.

Il n'y a pas de danger, monsieur; l'animal n'est pas méchant; vous n'avez pas besoin d'avoir peur.

AUGUSTE, *piqué.*

Je n'ai pas peur du tout; est-ce que j'ai l'air d'avoir peur, moi qui n'ai peur de rien!

HENRI, *tout bas à Pierre.*

Excepté des gressets.

AUGUSTE.

Que dis-tu, Henri? Qu'as-tu dit à l'oreille de Pierre?

HENRI, *avec malice.*

Oh! rien d'intéressant; je croyais voir un gresset là-bas sur l'herbe. »

Auguste se mordit les lèvres, devint rouge, mais ne répondit pas. Il finit par se hisser sur le poney, et il se mit à tirer sur la bride; le poney recula; Auguste se cramponna à la selle.

« Ne tirez pas, monsieur, ne tirez pas; un cheval ne se mène pas comme un âne », dit le cocher en riant.

Auguste lâcha la bride. Je partis en avant avec Henri. Pierre suivit sur l'âne de la ferme. J'eus la malice de prendre le galop; le poney cherchait à me devancer; je n'en courais que plus vite; Pierre et Henri riaient. Auguste criait et se tenait à la crinière; nous courions tous, et j'étais décidé à n'arrêter que lorsque Auguste serait par terre. Le poney, excité par les rires et les cris, ne tarda pas à me devancer; je le suivis de près, lui mordillant la queue lorsqu'il semblait vouloir se ralentir. Nous galopâmes ainsi pendant un grand quart d'heure, Auguste manquant tomber à chaque pas, et se retenant toujours au cou du cheval. Pour hâter sa chute, je donnai un coup de dent plus fort à la queue du poney, qui se mit à lancer des ruades avec une telle force, qu'à la première Auguste se trouva sur son cou, à la seconde il passa par-dessus la tête de sa monture, tomba sur le gazon, et resta étendu sans mouvement. Pierre et Henri, le croyant blessé, sautèrent à terre, et accoururent à lui pour le relever.

« Auguste, Auguste, es-tu blessé? lui demandèrent-ils avec inquiétude.

— Je crois que non, je ne sais pas », répondit Auguste, qui se releva tremblant encore de la peur qu'il avait eue.

Quand il fut debout, ses jambes fléchissaient, ses dents claquaient; Pierre et Henri l'examinèrent, et, ne trouvant ni écorchure ni blessure d'aucune sorte, ils le regardèrent avec pitié et dégoût.

« C'est triste d'être poltron à ce point, dit Pierre.

— Je.. ne... suis pas... poltron,... seulement... j'ai... eu... peur,... répondit Auguste, claquant toujours des dents.

— J'espère que tu ne tiens plus à monter mon poney, ajouta Pierre. Prends mon âne, je vais reprendre mon cheval. »

Et, sans attendre la réponse d'Auguste, il sauta légèrement sur le poney.

« J'aimerais mieux Cadichon, dit piteusement Auguste.

— Comme tu voudras, répondit Henri. Prends Cadichon; je prendrai Grison, l'âne de la ferme. »

Mon premier mouvement fut d'empêcher ce méchant Auguste de me monter; mais je formai un autre projet, qui complétait sa journée et qui servait mieux mon aversion et ma méchanceté. Je me laissai donc tranquillement enfourcher par mon ennemi, et je suivis de loin le poney. Si Auguste avait osé me battre pour me faire marcher plus vite, je l'aurais jeté par terre; mais il connais-

sait l'amitié qu'avaient pour moi tous mes jeunes maîtres, et il me laissa aller comme je voulais. J'eus soin, tout le long du bois, de passer tout près des broussailles et surtout des grandes épines, des houx, des ronces, afin que le visage de mon cavalier fût balayé par les branches piquantes de ces arbustes. Il s'en plaignit à Henri, qui lui répondit froidement :

« Cadichon ne mène mal que les gens qu'il n'aime pas : il est probable que tu n'es pas dans ses bonnes grâces. »

Nous reprîmes bientôt le chemin de la maison; cette promenade n'amusait pas Henri et Pierre, qui entendaient sans cesse geindre Auguste, que de nouvelles branches venaient cingler au travers du visage; il était griffé à faire plaisir; j'avais tout lieu de croire qu'il ne s'amusait guère plus que ses camarades. Mon affreux projet allait s'effectuer. En revenant par la ferme, nous longions un trou ou plutôt un fossé dans lequel venait aboutir le conduit qui recevait les eaux grasses et sales de la cuisine; on y jetait toutes sortes d'immondices, qui, pourrissant dans l'eau de vaisselle, formaient une boue noire et puante. J'avais laissé passer Pierre et Henri devant; arrivé près de ce fossé, je fis un bond vers le bord et une ruade qui lança Auguste au beau milieu de la bourbe. Je restai tranquillement à le voir patauger dans cette boue noire et infecte qui l'aveuglait.

Il voulut crier, mais l'eau sale lui entrait dans la

bouche; il en avait jusqu'aux oreilles, et il ne pouvait parvenir à retrouver le bord. Je riais intérieurement. « Médor, me dis-je, Médor, tu es vengé! » Je ne réfléchissais pas au mal que je pouvais faire à ce pauvre garçon, qui, en tuant Médor, avait fait une maladresse et non une méchanceté; je ne songeais pas que c'était moi qui étais le plus mauvais

Ils appelèrent les garçons de ferme.

des deux. Enfin, Pierre et Henri, qui étaient descendus de cheval et d'âne, ne voyant ni moi ni Auguste, s'étonnèrent de ce retard; ils revinrent sur leurs pas et m'aperçurent au bord du fossé, contemplant d'un air satisfait mon ennemi qui barbotait. Ils approchèrent, et, voyant qu'Auguste courait un danger sérieux d'être suffoqué par la boue, ils ne purent s'empêcher de pousser un cri en le voyant dans cette cruelle position. Ils appelèrent les garçons de ferme, qui lui tendirent une perche, à laquelle il s'accrocha et qu'on retira

avec Auguste au bout. Quand il fut sur la terre ferme, personne ne voulait l'approcher; il était couvert de boue, et sentait trop mauvais.

« Il faut aller prévenir son père, dit Pierre.

— Et puis papa et mes oncles, dit Henri, qu'ils nous disent ce qu'il faut faire pour le nettoyer.

— Allons, viens, Auguste; suis-nous, mais de

loin, dit Pierre; cette boue exhale une odeur insupportable. »

Auguste, tout penaud, noir de boue, y voyant à peine pour se conduire, les suivit de loin; on entendait les exclamations des gens de la ferme. Je formais l'avant-garde, caracolant, courant et brayant de toutes mes forces. Pierre et Henri parurent mécontents de ma gaieté; ils criaient après moi pour me faire taire. Ce bruit inaccoutumé attira l'attention de toute la maison; chacun reconnaissant ma voix, et sachant que je ne brayais ainsi que dans les grandes occasions, se mit à la fenêtre, de sorte que, lorsque nous arrivâmes en vue du châ-

teau, nous vîmes les croisées garnies de visages curieux, nous entendîmes des cris et un mouve-

On retira la perche avec Auguste au bout.

ment extraordinaire. Peu d'instants après, tout le monde, grands et petits, vieux et jeunes, était des-

cendu et faisait cercle autour de nous. Auguste était au milieu, chacun demandant ce qu'il y avait, et s'enfuyant à son approche. La grand'mère fut la première à dire :

« Il faut laver ce pauvre garçon, et voir s'il n'a pas quelque blessure.

— Mais comment le laver? dit le papa de Pierre. Il faut apprêter un bain.

— Je m'en charge, moi, dit le père d'Auguste.

Tout le monde faisait cercle autour de nous.

Suis-moi, Auguste; je vois à ta démarche que tu n'as ni blessure ni contusion. Viens à la mare, tu vas te plonger dedans, et, quand tu auras fait partir la boue, tu te savonneras et tu achèveras de te nettoyer. L'eau n'est pas froide dans cette saison. Pierre voudra bien te prêter du linge et des habits. »

Et il se dirigea vers la mare. Auguste avait peur de son père, il fut bien obligé de le suivre. J'y

Cette boue tenait à la peau. (Page 249.)

courus pour assister à l'opération, qui fut longue et pénible; cette boue, collante et grasse, tenait à la peau, aux cheveux. Les domestiques s'étaient empressés d'apporter du linge, du savon, des habits, des chaussures. Les papas aidèrent à lessiver Auguste, qui sortit de là au bout d'une demi-heure, presque propre, mais grelottant et si honteux, qu'il ne voulut pas se faire voir, et qu'il obtint de son père de l'emmener tout de suite chez lui.

Pendant ce temps, chacun désirait savoir comment cet accident avait pu arriver. Pierre et Henri leur racontèrent les deux chutes.

« Je crois, dit Pierre, que les deux ont été amenées par Cadichon, qui n'aime pas Auguste. Cadichon a mordu la queue de mon poney, ce qu'il ne fait jamais quand l'un de nous est dessus; il l'a forcé à aller ainsi au grand galop; le cheval a rué, et c'est ce qui a fait tomber Auguste. Je n'étais pas là à la seconde chute; mais, à l'air triomphant de Cadichon, à ses braiments joyeux et à l'attitude qu'il a encore maintenant, il est facile de deviner qu'il a jeté exprès dans la boue cet Auguste qu'il déteste.

— Comment sais-tu qu'il le déteste? demanda Madeleine.

— Il le montre de mille manières, répondit Pierre. Te souviens-tu comme, le jour du gresset, Cadichon poursuivait Auguste, comme il l'a attrapé par le fond de son pantalon, comme il le tenait pendant que nous lui passions son habit? J'ai bien

regardé sa physionomie pendant ce temps, il avait, en regardant Auguste, un air méchant que je ne lui vois qu'avec les gens qu'il déteste. Nous autres, il ne nous regarde pas de même. Avec Auguste, ses yeux brillent comme des charbons; il a, en vérité, le regard d'un diable. N'est-ce pas, Cadichon, ajouta-t-il en me regardant fixement, n'est-ce pas, Cadichon, que j'ai bien deviné, que tu détestes Auguste, et que c'est exprès que tu as été si méchant pour lui? »

Je répondis en brayant et puis en passant ma langue sur sa main.

« Sais-tu, dit Camille, que Cadichon est un âne vraiment extraordinaire? Je suis sûre qu'il nous entend et qu'il nous comprend. »

Je la regardai avec douceur, et, m'approchant d'elle, je mis ma tête sur son épaule.

« Quel dommage, mon Cadichon, dit Camille, que tu deviennes de plus en plus colère et méchant, et que tu nous obliges à t'aimer de moins en moins; et quel dommage que tu ne puisses pas écrire! Tu as dû voir beaucoup de choses intéressantes, continua-t-elle en passant sa main sur ma tête et sur mon cou. Si tu pouvais écrire tes Mémoires, je suis sûre qu'ils seraient bien amusants!

HENRI.

Ma pauvre Camille, quelle bêtise tu dis! Comment veux-tu que Cadichon, qui est un âne, puisse écrire des Mémoires?

CAMILLE.

Un âne comme Cadichon est un âne à part.

HENRI.

Bah! tous les ânes se ressemblent et ont beau faire, ils ne sont jamais que des ânes.

CAMILLE.

Il y a âne et âne.

HENRI.

Ce qui n'empêche pas que, pour dire qu'un homme est bête, ignorant et entêté, on dit : « Bête comme un âne, ignorant comme un âne, têtu comme un âne », et que si tu me disais : « Henri, tu es un âne », je me fâcherais, parce qu'il est bien certain que je prendrais cela pour une injure.

CAMILLE.

Tu as raison, et pourtant je sens et je vois, d'abord que Cadichon comprend beaucoup de choses, qu'il nous aime, et qu'il a un esprit extraordinaire, et puis que les ânes ne sont *ânes* que parce qu'on les traite comme des *ânes*, c'est-à-dire avec dureté et même avec cruauté, et qu'ils ne peuvent pas aimer leurs maîtres ni les bien servir.

HENRI.

Alors, d'après toi, c'est par habileté que Cadichon a fait découvrir les voleurs, et qu'il a fait tant de choses qui semblent extraordinaires?

CAMILLE.

Certainement, c'est par son esprit, et c'est parce qu'il le voulait, que Cadichon a fait prendre les voleurs. Pourquoi l'aurait-il fait, selon toi?

HENRI.

Parce qu'il avait vu le matin ses camarades entrer dans le souterrain, et qu'il voulait les rejoindre.

CAMILLE.

Et les tours de l'âne savant?

HENRI.

C'est par jalousie et par méchanceté.

CAMILLE.

Et la course des ânes?

HENRI.

C'est par orgueil d'âne.

CAMILLE.

Et l'incendie, quand il a sauvé Pauline?

HENRI.

C'est par instinct.

CAMILLE.

Tais toi, Henri, tu m'impatientes.

HENRI.

Mais j'aime beaucoup Cadichon, je t'assure; seulement, je le prends pour ce qu'il est, un âne, et toi, tu en fais un génie. Remarque bien que, s'il a l'esprit et la volonté que tu lui supposes, il est méchant et détestable.

CAMILLE.

Comment cela?

HENRI.

En tournant en ridicule le pauvre âne savant et son maître, et en les empêchant de gagner l'argent qui leur était nécessaire pour se nourrir. Ensuite, en faisant mille méchancetés à Auguste,

que ni lui a jamais rien fait, et enfin en se faisant craindre et détester de tous les animaux, qu'il mord et qu'il chasse à coups de pied.

CAMILLE.

C'est vrai, cela ; tu as raison, Henri. J'aime mieux croire, pour l'honneur de Cadichon, qu'il ne sait pas ce qu'il fait, ni le mal qu'il fait. »

Et Camille s'éloigna en courant avec Henri, me laissant seul et mécontent de ce que je venais d'entendre. Je sentais très bien que Henri avait raison, mais je ne voulais pas me l'avouer, et surtout je ne voulais pas changer et réprimer les sentiments d'orgueil, de colère et de vengeance auxquels je m'étais toujours laissé aller.

XXII

LA PUNITION

Je restai seul jusqu'au soir; personne ne vint me voir. Je m'ennuyais, et je vins dans la soirée me mettre près des domestiques qui prenaient l'air à la porte de l'office et qui causaient.

« Si j'étais à la place de madame, dit le cuisinier, je me déferais de cet âne.

LA FEMME DE CHAMBRE.

Il devient par trop méchant en vérité. Voyez donc le tour qu'il a joué à ce pauvre Auguste; il aurait pu le tuer ou le noyer tout de même.

LE VALET DE CHAMBRE.

Et c'est qu'après il avait l'air tout joyeux encore! il courait, il sautait, il brayait comme s'il avait fait un beau coup.

LE COCHER.

Il le payera, allez; je lui donnerai une raclée pour son souper....

LE VALET DE CHAMBRE.

Prends garde; si madame s'en aperçoit....

LE COCHER.

Et comment madame le saurait-elle? Crois-tu que je vais lui donner des coups de fouet sous les yeux de madame? J'attendrai qu'il soit à l'écurie.

LE VALET DE CHAMBRE.

Tu pourrais bien attendre longtemps; cet animal, qui fait toutes ses volontés, rentre quelquefois si tard.

LE COCHER.

Ah! mais, s'il m'ennuie trop, je saurai bien le faire rentrer malgré lui, et sans que personne s'en doute.

LA FEMME DE CHAMBRE.

Comment vous y prendrez-vous? Ce maudit âne va braire à sa façon et ameuter toute la maison.

LE COCHER.

Laissez donc! je lui couperai le sifflet; on ne l'entendra seulement pas respirer. »

Et tous partirent d'un éclat de rire. Je les trouvais bien méchants, j'étais en colère; je cherchais un moyen de me soustraire à la correction qui me menaçait. J'aurais voulu me jeter sur eux et les mordre tous, mais je n'osai pas, de peur

qu'ils n'allassent en corps se plaindre à ma maîtresse, et je sentais vaguement que, fatiguée de mes tours, ma maîtresse pourrait bien me chasser de chez elle. Pendant que je délibérais, la femme

de chambre fit remarquer au cocher mes yeux méchants.

Le cocher hocha la tête, se leva, entra dans la cuisine, en ressortit comme pour aller à l'écurie, et, en passant devant moi, me lança au cou un nœud coulant; je tirai en arrière pour le briser, et il tira en avant pour me faire avancer; nous tirions

chacun de notre côté, mais, plus nous tirions, plus la corde m'étranglait; dès le premier moment j'avais vainement essayé de braire; je pouvais à peine respirer, et je cédais forcément à la traction du cocher, il m'amena ainsi jusqu'à l'écurie, dont la porte fut obligeamment ouverte par les autres domestiques. Une fois entré dans ma stalle, on me passa promptement mon licou, on lâcha la corde

Plus nous tirions, plus la corde m'étranglait.

qui m'étranglait, et le cocher, ayant soigneusement fermé la porte, se saisit d'un fouet de charretier, et commença à m'en frapper impitoyablement sans que personne prît ma défense. J'eus beau braire, me démener, mes jeunes maîtres ne m'entendirent pas, et le méchant cocher put me faire expier à son aise les méchancetés dont il m'accusait.

Il me laissa enfin dans un état de douleur et d'abattement impossible à décrire. C'était la première fois, depuis mon entrée dans cette maison, que j'avais été humilié et battu. Depuis j'ai réfléchi,

et j'ai reconnu que je m'étais attiré cette punition.

Le lendemain il était déjà tard quand on me fit sortir; j'eus bonne envie de mordre le cocher au visage, mais je fus arrêté, comme la veille, par la

Il se saisit d'un fouet de charretier

crainte d'être chassé. Je me dirigeai vers la maison; je vis les enfants rassemblés devant le perron et causant avec animation.

« Le voilà, ce méchant Cadichon, dit Pierre en me regardant approcher. Chassons-le, il pourrait

bien nous mordre ou nous jouer quelque mauvais tour, comme il a fait l'autre jour à ce malheureux Auguste.

CAMILLE.

Qu'est-ce que le médecin a dit à papa tout à l'heure?

PIERRE.

Il a dit qu'Auguste était très malade; il a la fièvre, le délire....

JACQUES.

Qu'est-ce que c'est que le délire?

PIERRE.

Le délire, c'est quand on a la fièvre si fort qu'on ne sait plus ce qu'on dit; on ne reconnaît personne, on croit voir un tas de choses qui ne sont pas.

LOUIS.

Qu'est-ce que voit donc Auguste?

PIERRE.

Il croit toujours voir Cadichon qui veut se jeter sur lui, qui le mord, le piétine; le médecin est très inquiet. Papa et mes oncles y sont allés.

MADELEINE.

Comme c'est vilain à Cadichon d'avoir jeté le pauvre Auguste dans ce trou dégoûtant!

— Oui, c'est très vilain, monsieur, s'écria Jacques en se retournant vers moi. Allez, vous êtes un méchant! Je ne vous aime plus.

— Ni moi, ni moi, ni moi, répétèrent tous les

« IL CROIT TOUJOURS VOIR CADICHON QUI VEUT SE JETER SUR LUI. »

enfants à l'unisson. Va-t'en; nous ne voulons pas de toi. »

J'étais consterné. Tous, jusqu'à mon petit Jacques que j'aimais toujours tendrement, tous me chassaient, me repoussaient.

Je m'éloignai lentement de quelques pas; je me retournai et les regardai d'un air si triste, que Jacques en fut touché; il courut à moi, me prit par la tête, et me dit d'une voix caressante :

« Écoute, Cadichon, nous ne t'aimons pas à présent; mais, si tu es bon, je t'assure que nous t'aimerons comme auparavant.

— Non, non, jamais comme avant! s'écrièrent tous les enfants. Il est trop mauvais.

— Vois-tu, Cadichon, voilà ce que c'est que d'être méchant, reprit le petit Jacques en me passant la main sur le cou. Tu vois que personne ne veut t'aimer,... Mais,... ajouta-t-il en me parlant à l'oreille, je t'aime encore un peu, et si tu n'es plus méchant, je t'aimerai beaucoup, tout comme avant.

HENRI.

Prends garde, Jacques, ne l'approche pas de trop près; s'il te donne un coup de dent ou un coup de pied, il te fera bien mal.

JACQUES.

Il n'y a pas de danger; je suis bien sûr qu'il ne nous mordra pas, nous autres.

HENRI.

Tiens, pourquoi pas? Il a bien jeté Auguste deux fois par terre.

JACQUES.

Oh! mais Auguste, c'est autre chose; il ne l'aime pas.

HENRI.

Et pourquoi ne l'aime-t-il pas? Qu'est-ce qu'Auguste lui a fait? Il pourrait bien, un beau jour, nous détester aussi. »

Jacques ne répondit pas, car il n'y avait effectivement rien à répondre; mais il secoua la tête, et, se retournant vers moi, il me fit une petite caresse amicale, dont je fus touché jusqu'aux larmes. L'abandon de tous les autres me rendit plus précieux encore ces témoignages d'affection de mon cher petit Jacques, et, pour la première fois, une pensée sincère de repentir se glissa dans mon cœur. Je songeai avec inquiétude à la maladie du malheureux Auguste. Dans l'après-midi on sut qu'il était plus mal encore, que le médecin avait des inquiétudes graves pour sa vie. Mes jeunes maîtres y allèrent eux-mêmes vers le soir; les cousines attendaient impatiemment leur retour. « Eh bien? eh bien? leur crièrent-elles du plus loin qu'elles les aperçurent. Quelles nouvelles? Comment va Auguste?

— Pas bien, répondit Pierre; et pourtant un peu moins mal que tantôt.

HENRI.

Le pauvre père fait pitié; il pleure, il sanglote, il demande au bon Dieu de lui laisser son fils; il

dit des choses si touchantes, que je n'ai pu m'empêcher de pleurer.

ÉLISABETH.

Nous allons tous prier avec lui et pour lui à notre prière du soir; n'est-ce pas, mes amis?

— Certainement, et de grand cœur, dirent tous les enfants en même temps.

MADELEINE.

Pauvre Auguste, s'il allait mourir, pourtant!

CAMILLE.

Le pauvre père deviendrait fou de chagrin, car il n'a pas d'autre enfant.

ÉLISABETH.

Où est donc la mère d'Auguste? on ne la voit jamais.

PIERRE.

Il serait étonnant qu'on la vit, puisqu'elle est morte depuis dix ans.

HENRI.

Et, ce qu'il y a de singulier, c'est que la pauvre femme est morte pour être tombée dans l'eau pendant une promenade en bateau.

ÉLISABETH.

Comment? elle s'est noyée?

PIERRE.

Non, on l'a retirée immédiatement, mais il faisait chaud, et elle avait été tellement saisie par le froid de l'eau et par la frayeur, qu'elle a été prise de la fièvre et du délire, exactement comme Auguste, et elle est morte huit jours après.

CAMILLE.

Mon Dieu, mon Dieu! pourvu qu'il n'en arrive pas autant à Auguste!

ÉLISABETH.

Voilà pourquoi il faut que nous priions beaucoup; peut-être le bon Dieu nous accordera-t-il ce que nous lui demanderons.

MADELEINE.

Où est donc Jacques?

CAMILLE.

Il était ici tout à l'heure, il sera rentré. »

Il n'était pas rentré, le pauvre enfant, mais il s'était mis à genoux derrière une caisse, et, la tête cachée dans ses mains, il priait et pleurait. Et c'était moi qui avais causé la maladie d'Auguste, l'affreuse inquiétude du malheureux père, et enfin le chagrin de mon petit Jacques! Cette pensée m'attrista moi-même; je me dis que je n'aurais pas dû venger Médor.

« Quel bien lui a fait la chute d'Auguste? me demandai-je. Est-il moins perdu pour moi? La vengeance que j'ai tirée m'a-t-elle servi à autre chose qu'à me faire craindre et détester? »

J'attendis avec impatience le lendemain pour avoir des nouvelles d'Auguste. J'en eus des premiers, car Jacques et Louis me firent atteler à la petite voiture pour y aller. Nous trouvâmes, en arrivant, un domestique qui courait chercher le médecin, et qui nous dit en passant qu'Auguste avait passé une mauvaise nuit, et qu'il venait

d'avoir une convulsion qui avait effrayé son père. Jacques et Louis attendirent le médecin, qui ne tarda pas à venir, et qui leur promit de leur donner des nouvelles en s'en allant.

Une demi-heure après il descendit le perron.

« Eh bien? eh bien? monsieur Tudoux, comment va Auguste? demandèrent Louis et Jacques.

M. TUDOUX, *très lentement*.

Pas mal, pas mal, mes enfants! Pas si mal que je le craignais.

LOUIS.

Mais ces convulsions, n'est-ce pas dangereux?

M. TUDOUX, *de même*.

Non, c'était la suite d'un agacement de nerfs et d'une grande agitation. Je lui ai donné une pilule qui va le calmer; ce ne sera pas grave.

JACQUES.

Alors, monsieur Tudoux, vous n'êtes pas inquiet, vous ne croyez pas qu'il va mourir?

M. TUDOUX, *de même*.

Non, non, non! ce ne sera pas grave, pas grave du tout.

LOUIS ET JACQUES.

Je suis bien content! Merci, monsieur Tudoux. Adieu; nous repartons bien vite pour rassurer nos cousins et cousines.

M. TUDOUX.

Attendez, attendez une minute. L'âne qui vous mène n'est-il pas Cadichon?

JACQUES.

Oui, c'est Cadichon.

M. TUDOUX, *avec calme*.

Alors, prenez-y garde; il pourrait bien vous jeter dans un fossé comme il l'a fait pour Auguste. Dites à votre grand'mère qu'elle ferait bien de le vendre; c'est un animal dangereux. »

M. Tudoux salua et s'en alla. Je restai tellement étonné et humilié, que je ne songeai à me mettre en route que lorsque mes petits maîtres m'eurent répété trois fois :

« Allons, Cadichon, en route!... Allons donc, Cadichon, nous sommes pressés! Vas-tu nous faire coucher ici, Cadichon? Hue! hue donc! »

Je partis enfin, et je courus tout d'un trait jusqu'au perron, où attendaient cousins, cousines, oncles et tantes, papas et mamans.

« Il va mieux! » s'écrièrent Jacques et Louis; et ils se mirent à raconter leur conversation avec M. Tudoux, sans oublier son dernier conseil.

J'attendais avec une vive impatience la décision de la grand'mère. Elle réfléchit un instant.

« Il est certain, mes chers enfants, que Cadichon ne mérite plus notre confiance; j'engage les plus jeunes d'entre vous à ne pas le monter; à la première sottise qu'il fera, je le donnerai au meunier, qui l'emploiera à porter des sacs de farine; mais je veux encore l'essayer avant de le réduire à cet état d'humiliation; peut-être se corrigera-t-il. Nous verrons bien d'ici à quelques mois. »

« Comment va Auguste ? » (Page 267.)

J'étais de plus en plus triste, humilié et repentant ; mais je ne pouvais réparer le mal que je m'étais fait qu'à force de patience, de douceur et de temps. Je commençais à souffrir dans mon orgueil et dans mes affections.

Les nouvelles d'Auguste furent meilleures le lendemain ; peu de jours après il entrait en convalescence, et l'on ne s'en occupa plus au château. Mais je ne pus en perdre le souvenir, car j'entendais sans cesse dire autour de moi :

« Prends garde à Cadichon ! Souviens-toi d'Auguste ! »

XXIII

LA CONVERSION

Depuis le jour où j'avais déchiré le visage d'Auguste en galopant dans les épines, et où je l'avais jeté dans la boue, le changement dans les manières de mes petits maîtres, de leurs parents, des gens de la maison était visible. Les animaux même ne me traitaient pas comme auparavant. Ils semblaient m'éviter ; quand j'arrivais, ils s'éloignaient ; ils se taisaient en ma présence ; car j'ai déjà dit, à propos de mon ami Médor, que nous autres animaux nous nous comprenons sans parler comme les hommes ; que les mouvements des yeux, des oreilles, de la queue remplacent chez nous les paroles. Je ne savais que trop ce qui avait causé ce changement, et je m'en irritais plus encore que je ne m'en affligeais, lorsqu'un jour, étant seul comme d'habitude, et couché au pied d'un sapin, je vis appro-

cher Henri et Elisabeth ; ils s'assirent et ils continuèrent à causer.

« Je crois, Henri, que tu as raison, dit Élisabeth, et je partage tes sentiments ; moi aussi, je n'aime presque plus Cadichon depuis qu'il a été si méchant pour Auguste.

HENRI.

Et ce n'est pas seulement Auguste ; te souviens-tu de la foire de Laigle, quand il a été si mauvais pour le maître de l'âne savant ?

ÉLISABETH.

Ah ! ah ! ah ! Oui, je me le rappelle très bien. Il était drôle ! Tout le monde riait, mais, tout de même, nous avons tous trouvé qu'il avait montré beaucoup d'esprit, mais pas de cœur.

HENRI.

C'est vrai ! il a humilié ce pauvre âne et son maître le faiseur de tours ; on m'a dit que le malheureux avait été obligé de partir sans avoir rien gagné, parce que tout le monde se moquait de lui. En s'en allant, sa femme et ses enfants pleuraient : ils n'avaient pas de quoi manger.

ÉLISABETH.

Et c'était la faute de Cadichon.

HENRI.

Certainement ! Sans lui, le pauvre homme aurait gagné de quoi vivre pendant quelques semaines.

ÉLISABETH.

Et puis te rappelles-tu ce qu'on nous a raconté des méchancetés qu'il a faites chez son ancien

maître? Il mangeait les légumes, il cassait les œufs, il salissait le linge.... Décidément, je fais comme toi, je ne l'aime plus. »

Elisabeth et Henri se levèrent et continuèrent leur promenade. Je restai triste et humilié. D'abord je voulus me fâcher et chercher une petite vengeance à exercer; mais je pensai qu'ils avaient raison. Je m'étais toujours vengé; à quoi m'avaient servi mes vengeances? à me rendre malheureux.

D'abord j'avais cassé les dents, les bras et l'estomac à une de mes maîtresses. Si je n'avais pas eu le bonheur de m'échapper, j'aurais été battu à me faire presque mourir.

J'avais fait mille méchancetés à mon autre maître, qui avait été bon pour moi tant que je n'avais pas été paresseux et méchant· depuis il m'avait très maltraité, et j'avais été très malheureux.

Quand Auguste avait tué mon ami Médor, je n'avais pas réfléchi qu'il l'avait fait par maladresse et non par méchanceté. S'il était bête, ce n'était pas de sa faute; j'avais persécuté ce malheureux Auguste, et j'avais fini par le rendre très malade en le jetant dans une mare de boue.

Et puis, que de petites méchancetés j'avais faites que je n'ai pas racontées!

J'avais donc fini par ne plus être aimé de personne. J'étais seul; personne ne venait près de moi me consoler, me caresser; les animaux même me fuyaient.

« Que faire? me demandai-je tristement. Si je

pouvais parler, j'irais leur dire à tous que je me repens, que je demande pardon à tous ceux auxquels j'ai fait du mal, que je serai bon et doux à l'avenir; mais... je ne peux pas me faire comprendre,... je ne parle pas. »

Je me jetai sur l'herbe et je pleurai, non pas comme les hommes qui versent des larmes, mais dans le fond de mon cœur; je pleurai, je gémis sur mon malheur, et, pour la première fois, je me repentis sincèrement.

« Ah! si j'avais été bon! si, au lieu de vouloir montrer mon esprit, j'avais montré de la bonté, de la douceur, de la patience! si j'avais été pour tous ce que j'avais été pour Pauline! comme on m'aimerait! comme je serais heureux! »

Je réfléchis longtemps, bien longtemps; je formai tantôt de bons projets, tantôt de méchants.

Enfin, je me décidai à devenir bon, de manière à regagner l'amitié de tous mes maîtres et de mes camarades. Je fis immédiatement l'essai de mes bonnes résolutions.

J'avais depuis quelque temps un camarade que je traitais fort mal. C'était un âne qu'on avait acheté pour faire monter ceux de mes plus jeunes maîtres qui avaient peur de moi, depuis que j'avais manqué noyer Auguste; les grands seuls ne me craignaient pas; et même, lorsqu'on faisait une partie d'ânes, le petit Jacques était le seul qui me demandât toujours, au lieu que jadis on se disputait pour m'avoir.

Je méprisais ce camarade; je passais toujours devant lui, je ruais et je le mordais s'il cherchait à me dépasser; le pauvre animal avait fini par me céder toujours la première place, et se soumettre à toutes mes volontés.

Le soir, quand l'heure fut venue de rentrer à l'écurie, je me trouvai près de la porte presque en même temps que mon camarade; il se rangea avec empressement pour me laisser entrer le premier; mais, comme il était arrivé quelques pas en avant de moi, je m'arrêtai à mon tour et je lui fis signe de passer. Le pauvre âne m'obéit en tremblant, inquiet de ma politesse, et craignant que je ne le fisse marcher le premier pour lui jouer quelque tour, par exemple pour lui donner un coup de dent ou un coup de pied. Il fut très étonné de se trouver sain et sauf dans sa stalle, et de me voir placer paisiblement dans la mienne.

Voyant son étonnement, je lui dis :

« Mon frère, j'ai été méchant pour vous, je ne le serai plus; j'ai été fier, je ne le serai jamais; je vous ai méprisé, humilié, maltraité, je ne recommencerai pas. Pardonnez-moi, frère, et à l'avenir voyez en moi un camarade, un ami.

— Merci, frère, me répondit le pauvre âne tout joyeux; j'étais malheureux, je serai heureux; j'étais triste, je serai gai; je me trouvais seul, je me sentirai aimé et protégé. Merci encore une fois, frère; aimez-moi, car je vous aime déjà.

— A mon tour, frère, à vous dire merci, car

j'ai été méchant, et vous me pardonnez ; je reviens à de meilleurs sentiments, et vous me recevez ; je veux vous aimer et vous me donnez votre amitié. Oui, à mon tour, merci, frère. »

Et, tout en mangeant notre souper, nous continuâmes à causer. C'était la première fois, car jamais je n'avais daigné lui parler. Je le trouvai bien meilleur, bien plus sage que je ne l'étais moi-même, et je lui demandai de me soutenir dans ma nouvelle voie ; il me le promit avec autant d'affection que de modestie.

Les chevaux, témoins de notre conversation et de ma douceur inaccoutumée, se regardaient et me regardaient avec surprise. Quoiqu'ils parlassent bas, je les entendais dire :

« C'est une farce de Cadichon, dit le premier cheval ; il veut jouer quelque méchant tour à son camarade.

— Pauvre âne, j'ai pitié de lui, dit le second cheval. Si nous lui disions de se méfier de son ennemi ?

— Pas tout de suite, répondit le premier cheval. Silence ! Cadichon est méchant ! S'il nous entend, il se vengera. »

Je fus blessé de la mauvaise opinion qu'avaient de moi ces deux chevaux, le troisième n'avait pas parlé ; il avait passé sa tête sur la stalle, et il m'observait attentivement. Je le regardai tristement et humblement. Il parut surpris, mais il ne bougea pas, et resta silencieux, m'observant toujours.

Fatigué de ma journée, abattu par la tristesse et le regret de ma vie passée, je me couchai sur la paille, et je remarquai que mon lit était moins bon, moins épais que celui de mon camarade. Au lieu de m'en fâcher, comme j'aurais fait jadis, je me dis que c'était juste et bien.

« J'ai été méchant, me dis-je, on m'en punit; je me suis fait détester, on me le fait sentir. Je dois encore me trouver heureux de n'avoir pas été envoyé au moulin, où j'aurais été battu, éreinté, mal couché. »

Je gémis pendant quelque temps et je m'endormis. A mon réveil, je vis entrer le cocher, qui me fit lever d'un coup de pied, détacha mon licou et me laissa en liberté; je restai à la porte, et je le vis avec surprise étriller, brosser soigneusement mon camarade, lui passer ma belle bride pomponnée, attacher sur son dos ma selle anglaise, et le diriger devant le perron.

Inquiet, tremblant d'émotion, je le suivis; quels ne furent pas mon chagrin, ma désolation quand je vis Jacques, mon petit maître bien-aimé, approcher de mon camarade, et le monter après quelque hésitation! Je restai immobile, anéanti. Le bon petit Jacques s'aperçut de ma peine, car il s'approcha de moi, me caressa la tête, et me dit tristement :

« Pauvre Cadichon! tu vois ce que tu as fait! Je ne peux plus te monter; papa et maman ont peur que tu ne me jettes par terre. Adieu, pauvre Cadichon; sois tranquille, je t'aime toujours. »

Et il partit lentement, suivi du cocher, qui lui criait :

« Prenez donc garde, monsieur Jacques, ne restez pas auprès de Cadichon : il vous mordra, il mordra le bourri ; il est méchant, vous savez bien.

— Il n'a jamais été méchant avec moi, et il ne le sera jamais », répondit Jacques.

Le cocher frappa l'âne, qui prit le trot, et je les perdis bientôt de vue. Je restai à la même place, abîmé dans mon chagrin. Ce qui en redoublait la violence, c'était l'impossibilité de faire connaître mon repentir et mes bonnes résolutions. Ne pouvant plus supporter le poids affreux qui oppressait mon cœur, je partis en courant sans savoir où j'allais. Je courus longtemps, brisant des haies, sautant des fossés, franchissant des barrières, traversant des rivières ; je ne m'arrêtai qu'en face d'un mur que je ne pus ni briser ni franchir.

Je regardai autour de moi. Où étais-je ? Je croyais reconnaître le pays, mais sans toutefois pouvoir me dire où je me trouvais. Je longeai le mur au pas, car j'étais en nage ; j'avais couru pendant plusieurs heures, à en juger par la marche du soleil. Le mur finissait à quelques pas ; je le tournai, et je reculai avec surprise et terreur. Je me trouvais à deux pas de la tombe de Pauline.

Ma douleur n'en devint que plus amère.

« Pauline ! ma chère petite maîtresse ! m'écriai-je, vous m'aimiez parce que j'étais bon ; je vous aimais parce que vous étiez bonne et malheureuse.

Après vous avoir perdue, j'avais trouvé d'autres maîtres qui étaient bons comme vous, qui m'ont traité avec amitié. J'étais heureux. Mais tout est changé : mon mauvais caractère, le désir de faire briller mon esprit, de satisfaire mes vengeances, ont détruit tout mon bonheur : personne ne m'aime à présent; si je meurs, personne ne me regrettera. »

Je pleurai amèrement au dedans de moi-même et je me reprochai pour la centième fois mes défauts. Une pensée consolante vint tout à coup me rendre du courage. « Si je deviens bon, me dis-je, si je fais autant de bien que j'ai fait de mal, mes jeunes maîtres m'aimeront peut-être de nouveau; mon cher petit Jacques surtout, qui m'aime encore un peu, me rendra toute son amitié.... Mais comment faire pour leur montrer que je suis changé et repentant? »

Pendant que je réfléchissais à mon avenir, j'entendis des pas lourds approcher du mur, et une voix d'homme parler avec humeur.

« A quoi bon pleurer, nigaud? Les larmes ne te donneront pas de pain, n'est-il pas vrai? Puisque je n'ai rien à vous donner, que voulez-vous que j'y fasse? Crois-tu que j'aie l'estomac bien rempli, moi qui n'ai avalé depuis hier matin que de l'air et de la poussière?

— Je suis bien fatigué, père.

— Eh bien! reposons-nous un quart d'heure à l'ombre de ce mur, je le veux bien. »

Ils tournèrent le mur et vinrent s'asseoir près de la tombe où j'étais. Je reconnus avec surprise le pauvre maître de Mirliflore, sa femme et son fils. Tous étaient maigres et semblaient exténués.

Le père me regarda ; il parut surpris et dit, après quelque hésitation :

« Si je vois clair, c'est bien l'âne, le gredin d'âne qui m'a fait perdre à la foire de Laigle plus de cinquante francs.... Coquin ! continua-t-il en s'adressant à moi, tu as été cause que mon Mirliflore a été mis en pièces par la foule, tu m'as empêché de gagner une somme d'argent qui m'aurait fait vivre pendant plus d'un mois ; tu me le payeras, va ! »

Il se leva, s'approcha de moi ; je ne cherchai pas à m'éloigner, sentant bien que j'avais mérité la colère de cet homme. Il parut étonné.

« Ce n'est donc pas lui, dit-il, car il ne bouge pas plus qu'une bûche.... Le bel âne, ajouta-t-il en me tâtant les membres. Si je pouvais l'avoir seulement un mois, tu ne manquerais pas de pain, mon garçon, ni ta mère non plus, et j'aurais l'estomac moins creux. »

Mon parti fut pris à l'instant ; je résolus de suivre cet homme pendant quelques jours, de tout souffrir pour réparer le mal que je lui avais fait, et de l'aider à gagner quelque argent pour lui et sa famille.

Quand ils se remirent en marche, je les suivis ; ils ne s'en aperçurent pas d'abord ; mais le père, s'étant retourné plusieurs fois, et me voyant tou-

Le pauvre maître de Mirliflore, sa femme et son fils.

jours sur leurs talons, voulut me faire partir. Je refusai, et je revins constamment reprendre ma place près ou derrière eux.

« Est-ce drôle, dit l'homme, cet âne qui s'obstine à nous suivre! Ma foi, puisque cela lui plaît, il faut le laisser faire. »

En arrivant au village, il se présenta à un aubergiste, et lui demanda à dîner et à coucher, tout en disant fort honnêtement qu'il n'avait pas un sou dans la poche.

« J'ai assez des mendiants du pays, sans y ajouter ceux qui n'en sont pas, mon bonhomme, répondit l'aubergiste; allez chercher un gîte ailleurs. »

Je m'élançai de suite près de l'aubergiste, que je saluai à plusieurs reprises de façon à le faire rire.

« Vous avez là un animal qui ne paraît pas bête, dit l'aubergiste en riant. Si vous voulez nous régaler de ses tours, je veux bien vous donner à manger et à coucher.

— Ce n'est pas de refus, aubergiste, répondit l'homme; nous vous donnerons une représentation, mais quand nous aurons quelque chose dans l'estomac; à jeun, on n'a pas la voix propre au commandement.

— Entrez, entrez, on va vous servir de suite, reprit l'aubergiste; Madelon, ma vieille, donne à dîner à trois, sans compter le bourri. »

Madelon leur servit une bonne soupe, qu'ils ava-

lèrent en un clin d'œil, puis un bon bouilli aux choux, qui disparut également, enfin une salade et du fromage, qu'ils savourèrent avec moins d'avidité, leur faim se trouvant apaisée.

On me donna une botte de foin, j'en mangeai à peine; j'avais le cœur gros, et je n'avais pas faim.

L'aubergiste alla convoquer tout le village pour me voir saluer; la cour se remplit de monde, et j'entrai dans le cercle, où m'amena mon nouveau maître, qui se trouvait fort embarrassé, ne sachant pas ce que je savais faire, et si j'avais reçu une éducation d'âne savant. A tout hasard il me dit :

« Saluez la société. »

Je saluai à droite, à gauche, en avant, en arrière, et tout le monde d'applaudir.

« Que vas-tu lui faire faire? lui dit tout bas sa femme; il ne saura pas ce que tu lui veux.

— Peut-être l'aura-t-il appris. Les ânes savants sont intelligents; je vais toujours essayer.

— Allons, Mirliflore (ce nom me fit soupirer), va embrasser la plus jolie dame de la société. »

Je regardai à droite, à gauche; j'aperçus la fille de l'aubergiste, jolie brune de quinze à seize ans, qui se tenait derrière tout le monde. J'allai à elle, j'écartai avec ma tête ceux qui gênaient le passage, et je posai mon nez sur le front de la petite, qui se mit à rire et qui parut contente.

« Dites donc, père Hutfer, vous lui avez fait la leçon, pas vrai? dirent quelques personnes en riant.

— Non, d'honneur, répondit Hutfer ; je ne m'y attendais seulement pas.

— A présent, Mirlifore, dit l'homme, va chercher quelque chose, n'importe quoi, ce que tu pourras trouver, et donne-le à l'homme le plus pauvre de la société. »

Je me dirigeai vers la salle où l'on venait de dîner, je saisis un pain, et, le rapportant en triomphe, je le remis entre les mains de mon nouveau maître. Rire général, tout le monde applaudit, un ami s'écria :

« Ceci ne vient pas de vous, père Hutfer ; cet âne réellement du savoir ; il a bien profité des leçons de son maître.

— Allez-vous lui laisser son pain tout de même ? dit quelqu'un dans la foule.

— Pour ça, non, dit Hutfer ; rendez-moi cela, l'homme à l'âne ; ce n'est pas dans nos conventions.

— C'est vrai, l'aubergiste, répondit l'homme ; et pourtant mon âne a dit vrai en faisant de moi l'homme le plus pauvre de la société, car nous n'avions pas mangé depuis hier matin, ma femme, mon fils et moi, faute de deux sous pour acheter un morceau de pain.

— Laissez-leur ce pain, mon père, dit Henriette Hutfer ; nous n'en manquons pas dans la huche, et le bon Dieu nous fera regagner celui-ci.

— Tu es toujours comme ça, toi, Henriette, dit Hutfer. Si on t'écoutait, on donnerait tout ce qu'on a.

— Nous n'en sommes pas plus pauvres, mon père ; le bon Dieu a toujours béni nos récoltes et notre maison.

— Allons,... puisque tu le veux,... qu'il garde son pain, je le veux bien. »

A ces mots, j'allai à lui et je le saluai profondément, puis j'allai prendre dans mes dents une petite terrine vide, et je la présentai à chacun pour qu'il y mît son aumône. Quand j'eus fini ma tournée, la terrine était pleine ; j'allai la vider dans les mains de mon maître, je la reportai où je l'avais prise, je saluai et je me retirai gravement aux applaudissements de la société.

J'avais le cœur content ; je me sentais consolé et affermi dans mes bonnes résolutions. Mon nouveau maître paraissait enchanté ; il allait se retirer, lorsque tout le monde l'entoura et le pria de donner une seconde représentation le lendemain ; il le promit avec empressement, et alla se reposer dans la salle avec sa femme et son fils.

Quand ils se trouvèrent seuls, la femme regarda de tous côtés, et, ne voyant que moi, la tête posée sur l'appui de la fenêtre, elle dit à son mari à voix basse :

« Dis donc, mon homme, c'est tout de même fort drôle ; est-ce singulier, cet âne qui nous arrive sortant d'un cimetière, qui nous prend en gré, et qui nous fait gagner de l'argent ! Combien en as-tu dans tes mains ?

— Je n'ai pas encore compté, répondit l'homme.

Aide-moi; tiens, voici une poignée; à moi l'autre.
— J'ai huit francs quatre sous, dit la femme après avoir compté.

L'HOMME.

Et moi j'en ai sept cinquante. Cela fait.... Combien cela fait-il, ma femme?

LA FEMME.

Combien cela fait? Huit et quatre font treize, puis sept, font vingt-quatre, puis cinquante, ça fait,... ça fait... quelque chose comme soixante.

L'HOMME.

Que tu es bête, va! J'aurais soixante francs dans les mains? Pas possible! Voyons, mon garçon, toi qui as étudié, tu dois savoir ça.

LE GARÇON.

Vous dites, papa?

L'HOMME.

Je dis huit francs quatre sous d'une part, et sept francs cinquante de l'autre.

LE GARÇON, *d'un air décidé*.

Huit et quatre font douze, retiens un, plus sept, font vingt, retiens deux; plus cinquante, font,... font... cinquante,... cinquante-deux, retiens cinq.

L'HOMME.

Imbécile! comment cela ferait-il cinquante, puisque j'ai huit dans une main et sept dans l'autre?

LE GARÇON.

Et puis cinquante, papa?

L'HOMME, *le contrefaisant.*

Et puis cinquante, papa? Tu ne vois pas, grand nigaud, que c'est cinquante centimes que je dis, et les centimes ne sont pas des francs.

LE GARÇON.

Non, papa, mais ça fait toujours cinquante.

L'HOMME.

Cinquante quoi? Est-il bête! est-il bête! Si je te donnais cinquante taloches, ça te ferait-y cinquante francs?

LE GARÇON.

Non, papa, mais ça ferait toujours cinquante.

L'HOMME.

En voilà une à compte, grand animal! »

Et il lui donna un soufflet qui retentit dans toute la maison. Le garçon se mit à pleurer; j'étais en colère. Si ce pauvre garçon était bête, ce n'était pas sa faute.

« Cet homme ne mérite pas ma pitié, me dis-je; il a, grâce à moi, de quoi vivre pendant huit jours; je veux bien encore lui faire gagner sa représentation de demain, après quoi je retournerai chez mes maîtres; peut-être m'y recevra-t-on avec amitié. »

Je me retirai de la fenêtre, et j'allai manger des chardons tout frais qui poussaient au bord d'un fossé; j'entrai ensuite dans l'écurie de l'auberge, où je trouvai déjà plusieurs chevaux occupant les meilleures places; je me rangeai modestement dans un coin dont personne n'avait voulu : j'y pus réfléchir à mon aise, car personne ne me

« Ah mam'zelle, je n'ai point dit que vous étiez un singe. »
(Page 231.)

connaissait, et personne ne s'occupait de moi. A la fin de la journée, Henriette Hutfer entra à l'écurie, regarda si chacun avait ce qu'il fallait, et, m'apercevant dans mon coin humide et obscur, sans litière, sans foin ni avoine, elle appela un des garçons d'écurie.

« Ferdinand, dit-elle, donnez de la paille à ce pauvre âne pour qu'il ne couche pas sur la terre humide, mettez devant lui un picotin d'avoine et une botte de foin, et voyez s'il ne veut pas boire.

FERDINAND.

Mam'zelle Henriette, vous ruinerez votre papa, vous êtes trop soigneuse pour le monde. Que vous importe que cette bête couche sur la dure ou sur une bonne litière? c'est de la paille gâchée, ça!

HENRIETTE.

Vous ne trouvez pas que je suis trop bonne quand c'est vous que je soigne, Ferdinand; je veux que tout le monde soit bien traité ici, les bêtes comme les hommes.

FERDINAND, *d'un air malin*.

Sans compter qu'il n'y a pas mal d'hommes qu'on prendrait volontiers pour des bêtes, quoiqu'ils marchent sur deux pieds.

HENRIETTE, *souriant*.

Voilà pourquoi on dit : Bête à manger du foin.

FERDINAND.

Ce ne sera toujours pas à vous, mam'zelle, que je servirai une botte de foin. Vous avez de l'esprit,... de l'esprit... et de la malice comme un singe!

HENRIETTE, *riant.*

Merci du compliment, Ferdinand ! Qu'êtes-vous donc, si je suis un singe ?

FERDINAND.

Ah ! mam'zelle, je n'ai point dit que vous étiez un singe : et si je me suis mal exprimé pour cela, mettez que je suis un âne, un cornichon, une oie.

HENRIETTE.

Non, non, pas tant que cela, Ferdinand, mais seulement un babillard qui parle quand il devrait travailler. Faites la litière de l'âne, ajouta-t-elle d'un ton sérieux, et donnez-lui à boire et à manger. »

Elle sortit ; Ferdinand fit en grommelant ce que lui avait ordonné sa jeune maîtresse. En faisant ma litière, il me donna quelques coups de fourche, me jeta avec humeur une botte de foin, une poignée d'avoine, et posa près de moi un seau d'eau. Je n'étais pas attaché, j'aurais pu m'en aller, mais j'aimai mieux souffrir encore un peu, et donner le lendemain, pour achever ma bonne œuvre, ma seconde et dernière représentation.

En effet, quand la journée du lendemain fut avancée, on vint me prendre ; mon maître m'amena sur une grande place qui était pleine de monde ; on m'avait tambouriné le matin, c'est-à-dire que le tambour du village s'était promené partout de grand matin en criant : « Ce soir, grande représentation de l'âne savant dit Mirliflore ; on se réunira à huit heures sur la place en face la mairie et l'école »

Le Tambour du village s'était promené partout.

Je recommençai les tours de la veille et j'y ajoutai des danses exécutées avec grâce; je valsai, je polkai, et je jouai à Ferdinand le tour innocent de l'engager à valser en brayant devant lui, et en lui présentant le pied de devant comme pour l'inviter. Il refusa d'abord; mais comme on criait : « Oui, oui, une valse avec l'âne! » il s'élança dans le cercle en riant, et il se mit à faire mille sauts et gambades, que j'imitai de mon mieux.

Enfin, me sentant fatigué, je laissai Ferdinand gambader tout seul, j'allai comme la veille chercher une terrine; n'en trouvant pas, je pris dans mes dents un panier sans couvercle, et je fis le tour, comme la veille, présentant mon panier à chacun. Il fut bientôt si plein, que je dus le vider dans la blouse de celui qu'on croyait mon maître; je continuai la quête; quand tout le monde m'eut donné, je saluai la société et j'attendis que mon maître eût compté l'argent que je lui avais fait gagner ce soir-là, et qui se montait à plus de trente-quatre francs. Trouvant que j'avais assez fait pour lui, que mon ancienne faute était réparée, et que je pouvais retourner chez moi, je saluai mon maître, et, fendant la foule, je partis au trot.

« Tiens! v'là votre bourri qui s'en va, dit Hutfer, l'aubergiste.

— C'est qu'il file joliment », dit Ferdinand.

Mon prétendu maître se retourna, me regarda d'un air inquiet, m'appela : « Mirliflore, Mirli-

floro! » et, me voyant continuer mon trot, je l'entendis s'écrier d'un ton piteux :

« Arrêtez-le, arrêtez-le, de grâce! C'est mon pain, ma vie qu'il m'emporte; courez, attrapez-le; je vous promets encore une représentation si vous me le ramenez.

— D'où l'avez-vous donc, cet âne? dit un des hommes, nommé Clouet; et depuis quand l'avez-vous?

— Je l'ai... depuis qu'il est à moi, répondit mon faux maître avec un peu d'embarras.

— J'entends bien, reprit Clouet; mais depuis quand est-il à vous? »

L'homme ne répondit pas.

« C'est qu'il me semble bien le reconnaître, ajouta Clouet; il ressemble à Cadichon, l'âne du château de la Herpinière; je serais bien trompé si ce n'est pas là Cadichon. »

Je m'étais arrêté; j'entendais des murmures; je voyais l'embarras de mon maître, lorsque, au moment où l'on s'y attendait le moins, il s'élança au travers de la foule et courut du côté opposé à celui que j'avais pris, suivi de sa femme et de son garçon.

Quelques-uns voulurent courir après lui, d'autres dirent que c'était bien inutile puisque je m'étais sauvé, et que l'homme n'emportait que l'argent qui était à lui, et que je lui avais fait gagner honnêtement.

« Et quant à Cadichon, ajouta-t-on, il ne sera

pas embarrassé pour retrouver son chemin, et il ne se laissera prendre que s'il le veut bien. »

La foule se dispersa, et chacun rentra chez soi; je repris ma course, espérant arriver chez mes vrais maîtres avant la nuit; mais il y avait beaucoup de chemin à faire, j'étais fatigué, et je fus obligé de me reposer à une lieue du château. La nuit était venue, les écuries devaient être fermées; je me décidai à coucher dans un petit bois de sapins qui bordait un ruisseau.

J'étais à peine établi sur mon lit de mousse, que j'entendis marcher avec précaution et parler bas. Je regardai, mais je ne vis rien; la nuit était trop noire. J'écoutai de toutes mes oreilles, et j'entendis la conversation suivante :

XXIV

LES VOLEURS

« Il ne fait pas encore assez nuit, Finot; il serait plus sage de nous blottir dans ce bois.

— Mais, Passe-Partout, dit Finot, il nous faut un peu de jour pour nous reconnaître; moi, d'abord, je n'ai pas étudié les portes d'entrée.

— Tu n'as jamais rien étudié, toi, reprit Passe-Partout; c'est bien à tort que les camarades t'ont appelé FINOT; si ce n'était que moi, je t'aurais plutôt nommé *Palaud*.

FINOT.

Ça n'empêche pas que c'est moi qui ai toujours les bonnes idées.

PASSE-PARTOUT.

Bonnes idées! ça dépend. Qu'est-ce que nous allons faire au château?

FINOT.

Ce que nous allons faire? Dévaliser le potager, couper les têtes d'artichaut, arracher les cosses de pois, de haricots, les navets, les carottes, enlever les fruits. En voilà de la besogne!

PASSE-PARTOUT.

Et puis?

FINOT.

Comment, et puis? Nous ferons un tas de tout ce jardinage, nous le passerons par-dessus le mur, et nous irons le vendre au marché de Moulins.

PASSE-PARTOUT.

Et par où entreras-tu dans le jardin, imbécile?

FINOT.

Par-dessus le mur, avec une échelle, bien sûr. Voudrais-tu que j'allasse demander poliment au jardinier la clef et ses outils?

PASSE-PARTOUT.

Mauvais plaisant, va! Je te demande seulement si tu as marqué la place où nous devons grimper sur le mur?

FINOT.

Mais non, te dis-je, je ne l'ai pas marquée : voilà pourquoi j'aimerais mieux aller en avant pour reconnaître.

PASSE-PARTOUT.

Et si on te voit, qu'est-ce que tu diras?

FINOT.

Je dirai... que je viens demander un verre de cidre et une croûte de pain.

PASSE-PARTOUT.

Ça ne vaut rien; j'ai une idée, moi. Je connais le potager; il y a un endroit où le mur est dégradé, en mettant les pieds dans les trous, j'arriverai au haut du mur, je trouverai une échelle et je te la passerai, car tu n'es pas fort pour grimper

FINOT.

Non, je ne tiens pas du chat comme toi.

PASSE-PARTOUT.

Mais si quelqu'un vient nous déranger?

FINOT.

Tiens, tu es bon enfant, toi! Si quelqu'un vient me déranger, je saurai bien l'arranger.

PASSE-PARTOUT.

Qu'est-ce que tu lui feras?

FINOT.

Si c'est un chien, je l'égorge; ce n'est pas pour rien que j'ai mon couteau bien affilé.

PASSE-PARTOUT.

Mais si c'est un homme?

— Un homme? dit Finot se grattant l'oreille, c'est plus embarrassant, ça.... Un homme? on ne peut pourtant pas tuer un homme comme un chien. Si c'était pour quelque chose qui vaille, on verrait, mais pour des légumes! Et puis, ce château qui est plein de monde!

PASSE-PARTOUT.

Mais enfin, qu'est-ce que tu feras?

FINOT.

Ma foi, je me sauverai : c'est plus sûr.

PASSE-PARTOUT.

T'es un lâche, toi! sais-tu bien? Si tu vois ou si tu entends un homme, tu n'as qu'à m'appeler, je lui ferai son affaire.

FINOT.

Fais à ton goût, ce n'est pas le mien.

PASSE-PARTOUT.

Pour lors donc, c'est convenu. Nous attendons la nuit, nous arrivons près du mur du potager, tu restes à un bout pour avertir s'il vient quelqu'un; je grimpe à l'autre bout, je te passe une échelle et tu me rejoins.

— C'est bien ça... », dit Finot.

Il se retourne avec inquiétude, écoute et dit tout bas :

« J'ai entendu remuer là derrière. Est-ce qu'il y aurait quelqu'un?

— Qui veux-tu qui se cache dans le bois? répondit Passe-Partout. Tu as toujours peur. Ce ne peut être qu'un crapaud ou une couleuvre. »

Ils ne dirent plus rien; je ne bougeai pas non plus, et je me demandai ce que j'allais faire pour empêcher les voleurs d'entrer et pour les faire prendre. Je ne pouvais prévenir personne, je ne pouvais même pas défendre l'entrée du potager. Pourtant, après avoir bien réfléchi, je pris un parti qui pouvait empêcher les voleurs d'agir et les faire arrêter. J'attendis qu'ils fussent partis pour m'en aller à mon tour. Je ne voulais pas bouger jusqu'au moment où ils ne pourraient plus m'entendre.

La nuit était noire; je savais qu'ils ne pouvaient marcher très vite; je pris un chemin plus court en sautant par-dessus des haies, et j'arrivai longtemps avant eux au mur du potager. Je connaissais l'endroit dégradé dont avait parlé Passe-Partout. Je me serrai près de là, contre le mur : on ne pouvait me voir.

J'attendis un quart d'heure; personne ne venait; enfin j'entendis des pas sourds et un léger chuchotement; les pas approchèrent avec précaution; les uns se dirigeaient vers moi, c'était Passe-Partout; les autres s'éloignaient vers l'autre bout du mur, du côté de la porte d'entrée, c'était Finot.

Je ne voyais pas, mais j'entendais tout. Quand Passe-Partout fut arrivé à l'endroit où quelques pierres tombées avaient fait des trous assez grands pour y poser les pieds, il commença à grimper, en tâtonnant avec les pieds et avec les mains. Je ne bougeais pas, je respirais à peine : j'entendais et je reconnaissais chacun de ses mouvements. Quand il eut grimpé à la hauteur de ma tête, je m'élançai contre le mur, je le saisis par la jambe, et je le tirai fortement; avant qu'il eût eu le temps de se reconnaître, il était par terre, étourdi par la chute, meurtri par les pierres; pour l'empêcher de crier ou d'appeler son camarade, je lui donnai sur la tête un grand coup de pied, qui acheva de l'étourdir et le laissa sans connaissance; je restai ensuite immobile, près de lui, pensant bien que le camarade viendrait voir ce qui se passait. Je ne

tardai pas, en effet, à entendre Finot avancer avec précaution. Il faisait quelques pas, il s'arrêtait, il écoutait,... rien,... il avançait encore.... Il arriva ainsi tout près de son camarade; mais, comme il regardait en l'air sur le mur, il ne le voyait pas

Je le saisis par la jambe. (Page 307.)

étendu tout de son long par terre, sans mouvements.

« Pst!... pst!... as-tu l'échelle?... puis-je monter?... » disait-il à voix basse. L'autre n'avait garde de répondre, il ne l'entendait pas. Je vis qu'il n'avait pas envie de grimper; je craignis qu'il ne s'en allât; il était temps d'agir. Je m'élançai sur lui, je le fis tomber en le tirant par le dos de sa blouse, et je lui donnai, comme à l'autre, un bon

coup de pied sur la tête; j'obtins le même succès; il resta sans connaissance près de son ami. Alors, n'ayant plus rien à perdre, je me mis à braire de ma voix la plus formidable; je courus à la maison du jardinier, aux écuries, au château, brayant avec une telle violence, que tout le monde fut éveillé;

quelques hommes, les plus braves, sortirent avec des armes et des lanternes; je courus à eux, et je les menai, courant en avant, près des deux voleurs étendus au pied du mur.

« Deux hommes morts! que veut dire cela? dit le papa de Pierre.

LE PAPA DE JACQUES.

Ils ne sont pas morts, ils respirent.

LE JARDINIER.

En voilà un qui vient de gémir.

LE COCHER.

Du sang! une blessure à la tête!

LE PAPA DE PIERRE.

Et l'autre aussi, même blessure! On dirait que c'est un coup de pied de cheval ou d'âne.

LE PAPA DE JACQUES.

Oui, voilà la marque du fer sur le front.

LE COCHER.

Qu'ordonnent ces messieurs? Que veulent-ils qu'on fasse de ces hommes?

LE PAPA DE PIERRE.

Il faut les porter à la maison, atteler le cabriolet, et aller chercher le médecin. Nous autres, en attendant le médecin, nous tâcherons de leur faire reprendre connaissance. »

Le jardinier apporta un brancard; on y posa les blessés, et on les porta dans une grande pièce qui servait d'orangerie pendant l'hiver. Ils restaient toujours sans mouvement.

« Je ne connais pas ces visages-là, dit le jardinier après les avoir examinés attentivement à la lumière.

— Peut-être ont-ils sur eux des papiers qui les feront reconnaître, dit le papa de Louis; on ferait savoir à leurs familles qu'ils sont ici et blessés. »

Le jardinier fouilla dans leurs poches, en retira quelques papiers, qu'il remit au papa de Jacques, puis deux couteaux bien aiguisés, bien pointus, et un gros paquet de clefs.

« Ah! ah! ceci indique l'état de ces messieurs! s'écria-t-il; ils venaient voler et peut-être tuer.

— Je commence à comprendre, dit le papa de Pierre. La présence de Cadichon et ses braiments expliquent tout. Ces gens-là venaient pour voler;

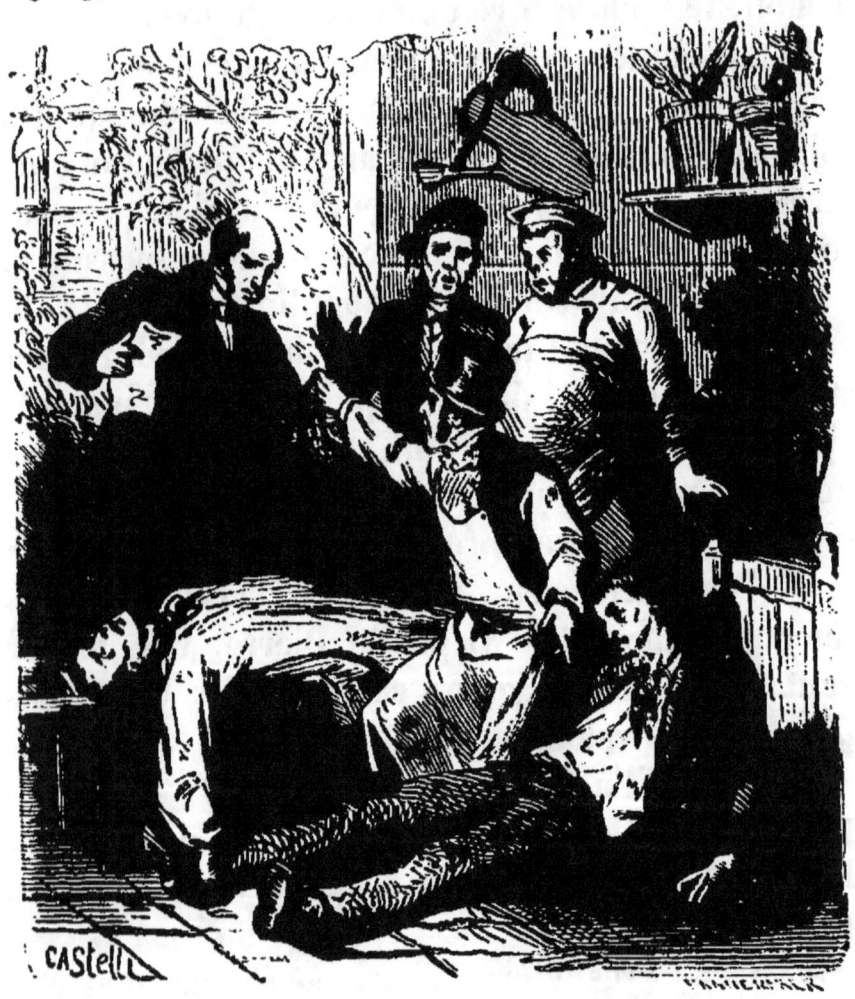

On retira de sa poche un gros paquet de clefs.

Cadichon les a devinés avec son instinct accoutumé; il a lutté contre eux, il a rué et leur a cassé la tête, après quoi il s'est mis à braire pour nous appeler tous.

— C'est bien cela, ce doit être cela, dit le papa de Jacques. Il peut se vanter de nous avoir rendu un fier service, ce brave Cadichon. Viens, mon Cadichon, te voilà rentré en grâce cette fois. »

J'étais content ; je me promenais en long et en large devant la serre, pendant qu'on donnait des soins à Finot et à Passe-Partout. M. Tudoux ne tarda pas à arriver ; les voleurs n'avaient pas encore repris connaissance. Il examina les blessures.

« Voilà deux coups bien appliqués, dit-il. On voit distinctement la marque d'un très petit fer à cheval, comme qui dirait un pied d'âne. Et mais,... ajouta-t-il en m'apercevant, ne serait-ce pas une nouvelle méchanceté de cet animal qui nous examine comme s'il comprenait ?

— Pas méchanceté, mais fidèle service et intelligence, répondit le papa de Pierre. Ces gens-là sont des voleurs ; voyez ces couteaux et ces papiers qu'ils avaient sur eux. »

Et il se mit à lire :

« N° 1. Château Herp. Beaucoup de monde ; pas bon à voler ; potager facile ; légumes et fruits, mur peu élevé.

« N° 2. Presbytère. Vieux curé ; pas d'armes. Servante sourde et vieille. Bon à voler pendant la messe.

« N° 3. Château de Sourval. Maître absent ; femme seule au rez-de-chaussée, domestique au second ; belle argenterie ; bon à voler. Tuer si on crie.

« N° 4. Château de Chanday. Chiens de garde

vigoureux à empoisonner; personne au rez-de-chaussée; argenterie; galerie de curiosités riches et bijoux à voler. Tuer, si on vient. »

« Vous voyez, continua le papa, que ces hommes sont des brigands qui venaient dévaliser le potager, faute de mieux. Pendant que vous leur donnerez vos soins, je vais envoyer à la ville prévenir le brigadier de gendarmerie. »

M. Tudoux tira de sa poche une trousse, y prit une lancette, et saigna les deux voleurs. Ils ne tardèrent pas à ouvrir les yeux, et parurent effrayés de se voir entourés de monde et dans une chambre du château. Quand ils furent tout à fait remis, ils voulurent parler.

« Silence, coquins, leur dit M. Tudoux avec calme et lenteur. Silence; nous n'avons pas besoin de vos discours pour savoir qui vous êtes et ce que vous veniez faire ici. »

Finot porta la main à sa veste, les papiers n'y étaient plus; il chercha son couteau, il ne le trouva pas. Il regarda Passe-Partout d'un air sombre, et lui dit à voix basse :

« Je te disais bien dans le bois que j'avais entendu du bruit.

— Tais-toi, dit Passe-Partout de même; on pourrait t'entendre. Il faut tout nier.

FINOT.

Mais les papiers? ils les ont.

PASSE-PARTOUT.

Tu diras que nous avons trouvé les papiers.

FINOT.

Et les couteaux?

PASSE-PARTOUT.

Les couteaux aussi, parbleu! Il faut de l'audace.

FINOT.

Qui est-ce qui t'a asséné sur la tête ce coup de massue qui t'a si bien engourdi?

PASSE-PARTOUT.

Je n'en sais, ma foi, rien; je n'ai pas eu le temps de voir ni d'entendre. Je me suis trouvé par terre, et frappé en moins de rien.

FINOT.

Et moi de même. Il faudrait pourtant savoir si on nous a vus grimper au mur.

PASSE-PARTOUT.

Nous le saurons bien. Ne faut-il pas que ceux qui nous ont assommés viennent dire comment et pourquoi?

FINOT.

Tiens! c'est vrai. Jusque-là il faut tout nier. Convenons à présent des détails pour ne pas nous contredire. D'abord, faisions-nous route ensemble? Où avons-nous trouvé les...?

— Séparez ces deux hommes, dit le papa de Louis; ils vont s'entendre sur les contes qu'ils nous feront. »

Deux hommes saisirent Finot, pendant que deux autres s'emparèrent de Passe-Partout, et, malgré leur résistance, ils leur garrottèrent les pieds et

les mains, et emportèrent Passe-Partout dans une autre salle.

La nuit était bien avancée; on attendait avec impatience le brigadier de gendarmerie; il arriva au petit jour, escorté de quatre gendarmes, car on lui avait dit qu'il s'agissait de l'arrestation de deux voleurs. Les papas de mes petits maîtres lui racontèrent tout ce qui était arrivé, et lui firent voir les papiers et les couteaux trouvés dans les poches des voleurs.

« Ce genre de couteaux, dit le brigadier, indique des voleurs dangereux qui assassinent pour voler : ce qui, du reste, est facile à voir d'après leurs papiers, qui sont des indications de vols à faire dans les environs. Je ne serais pas surpris que ces deux hommes fussent les nommés Finot et Passe-Partout, des brigands très dangereux échappés des galères, et qu'on cherche dans plusieurs départements où ils ont commis des vols nombreux et audacieux. Je vais les interroger séparément; vous pouvez assister à l'interrogatoire, si vous le désirez. »

En achevant ces mots, il entra dans la serre, où était resté Finot. Il le regarda un instant et dit :

« Bonjour, Finot! tu t'es donc laissé reprendre? »

Finot tressaillit, rougit, mais ne répondit pas.

« Eh bien! Finot, dit le brigadier, nous avons perdu notre langue? Elle était pourtant bien pendue au dernier procès.

— A qui parlez-vous, monsieur? répondit Finot

en regardant de tous côtés; il n'y a que moi ici.

LE BRIGADIER.

Je le sais bien qu'il n'y a que toi; c'est bien à toi que je parle.

FINOT.

Je ne sais pas, monsieur, pourquoi vous me tutoyez; je ne vous connais pas.

LE BRIGADIER.

Mais, moi, je te connais bien. Tu es Finot, échappé du bagne, condamné aux galères pour vol et blessures.

FINOT.

Vous vous trompez, monsieur; je ne suis pas ce que vous prétendez si bien savoir.

LE BRIGADIER.

Et qui êtes-vous donc? D'où venez-vous? Où alliez-vous?

FINOT.

Je suis un marchand de moutons; j'allais à une foire, à Moulins, acheter des agneaux.

LE BRIGADIER.

En vérité? Et votre camarade? Est-il aussi un marchand de moutons et d'agneaux?

FINOT.

Je n'en sais rien; nous nous étions rencontrés peu d'instants avant d'avoir été attaqués et assommés par une bande de voleurs.

LE BRIGADIER.

Et ces papiers que vous aviez dans vos poches?

FINOT.

Je ne sais seulement pas ce que c'est; nous les avons trouvés pas loin d'ici, et nous n'avons pas eu le temps d'y regarder.

LE BRIGADIER.

Et les couteaux?

FINOT.

Les couteaux étaient avec les papiers.

LE BRIGADIER.

Tiens! c'est de la chance d'avoir trouvé et ramassé tout cela sans y voir; la nuit était bien sombre.

FINOT.

Aussi est-ce le hasard. Mon camarade a marché dessus, cela lui a semblé drôle; il s'est baissé, je l'ai aidé; et, en tâtonnant, nous avons trouvé les papiers et les couteaux, nous avons partagé.

LE BRIGADIER.

C'est malheureux pour vous d'avoir partagé. Ça fait que chacun avait de quoi se faire fourrer en prison.

FINOT.

Vous n'avez pas le droit de nous mettre en prison : nous sommes d'honnêtes gens....

LE BRIGADIER.

C'est ce que nous verrons, et ce ne sera pas long. Au revoir, Finot. Ne vous dérangez pas, ajouta-t-il, voyant que Finot cherchait à se lever de dessus son banc. Gendarmes, veillez bien sur monsieur, afin qu'il ne manque de rien. Et ne le

quittez pas des yeux, c'est un Finot qui nous a échappé déjà plus d'une fois. »

Le brigadier sortit, laissant Finot abattu et inquiet.

« Pourvu que Passe-Partout dise comme moi, pensa-t-il. Ce serait bien de la chance qu'il dît de même. »

En voyant entrer le brigadier, Passe-Partout se sentit perdu; pourtant il rassembla tout son courage, et parvint à cacher son inquiétude. Il regarda d'un air indifférent le brigadier, qui l'examinait attentivement.

« Comment vous trouvez-vous ici, blessé et garrotté? dit le brigadier.

— Je n'en sais rien, répondit Passe-Partout.

LE BRIGADIER.

Vous savez toujours bien qui vous êtes? où vous alliez? par qui vous avez été blessé?

PASSE-PARTOUT.

Je sais bien qui je suis et où j'allais, mais je ne sais pas qui m'a si brutalement attaqué.

LE BRIGADIER.

Alors, procédons par ordre. Qui êtes-vous?

PASSE-PARTOUT.

Est-ce que cela vous regarde? vous n'avez pas le droit de demander aux gens qui passent qu' ils sont.

LE BRIGADIER.

J'en ai si bien le droit, que je mets les poucettes à ceux qui ne me répondent pas, et que je

les fais mener à la prison de la ville. Je recommence. Qui êtes-vous?

PASSE-PARTOUT.

Je suis un marchand de cidre.

LE BRIGADIER.

Votre nom, s'il vous plaît?

PASSE-PARTOUT.

Robert Partout.

LE BRIGADIER.

Où alliez-vous?

PASSE-PARTOUT.

Un peu partout, acheter du cidre là où on en vend.

LE BRIGADIER.

Vous n'étiez pas seul? Vous aviez un camarade?

PASSE-PARTOUT.

Oui, c'est mon associé; nous faisions des affaires ensemble.

LE BRIGADIER.

Vous aviez des papiers dans vos poches? Savez-vous ce que c'était que ces papiers? »

Passe-Partout regarda le brigadier.

« Il a lu les papiers, se dit-il; il veut me mettre dedans, mais je serai plus fin que lui. »

Et il dit tout haut :

« Si je le sais? Je crois bien que je le sais? Des papiers perdus par des brigands, sans doute, et que j'allais porter à la gendarmerie de la ville.

LE BRIGADIER.

Comment avez-vous eu ces papiers?

PASSE-PARTOUT.

Nous les avons trouvés sur la route, mon camarade et moi; nous les avons regardés, et nous étions pressés de nous en débarrasser; c'est pourquoi nous marchions de nuit.

LE BRIGADIER.

Et les couteaux qu'on a trouvés sur vous?

PASSE-PARTOUT.

Les couteaux; nous les avions achetés pour nous défendre; on nous disait qu'il y avait des voleurs dans le pays.

LE BRIGADIER.

Et comment et par qui vous êtes-vous trouvés blessés, votre camarade et vous?

PASSE-PARTOUT.

Précisément par des voleurs qui nous ont attaqués sans que nous les ayons vus.

LE BRIGADIER.

Tiens? Finot n'a pas dit comme vous.

PASSE-PARTOUT.

Finot a eu si peur qu'il a perdu la mémoire; il ne faut pas croire ce qu'il dit.

LE BRIGADIER.

Je ne l'ai pas cru non plus, pas davantage que je ne crois à ce que vous me dites vous-même, l'ami Passe-Partout, car je vous reconnais bien à présent; vous vous êtes trahi. »

Passe-Partout s'aperçut de la bêtise qu'il avait faite en reconnaissant que son camarade s'appelait Finot. C'était un sobriquet qui lui avait été

donné au bagne pour se moquer de son peu de finesse.

Quant à Passe-Partout, son vrai nom était *Partout*; et un jour qu'on se pressait pour passer au réfectoire, Finot s'écria : « Passe, Partout », le nom lui en resta.

Il n'y avait plus moyen de nier; il ne voulait pourtant pas avouer; il prit le parti de hausser les épaules, en disant :

« Est-ce que je connais Finot, moi ? C'était pas malin de deviner que vous parliez de mon camarade; je croyais que vous l'appeliez Finot pour vous moquer.

— C'est bon! tournez cela comme vous voudrez, dit le brigadier, il n'en est pas moins vrai que vous voyagez pour acheter du cidre avec votre camarade; que vous avez trouvé vos papiers sur la route; que vous les portiez, après les avoir lus, à la ville, chez les gendarmes; que vous avez acheté vos couteaux pour vous défendre contre des voleurs, que vous avez été attaqués et blessés par ces mêmes voleurs. N'est-ce pas ça?

PASSE-PARTOUT.

Oui, oui, c'est bien mon histoire.

LE BRIGADIER.

Dites donc votre *conte*, car votre camarade a dit tout le contraire.

— Que vous a-t-il dit? demanda Passe-Partout avec inquiétude.

— Il est inutile que vous le sachiez pour le mo-

ment. Quand on vous aura ramenés au bagne, il vous le dira. »

Et le brigadier sortit, laissant Passe-Partout dans un état de rage et d'inquiétude facile à concevoir.

« Pensez-vous, docteur, que ces hommes soient en état de marcher jusqu'à la ville? demanda le brigadier à M. Tudoux.

— Je pense qu'ils y arriveront en ne les poussant pas trop, répondit M. Tudoux avec lenteur. D'ailleurs, lors même qu'ils tomberaient en route, on pourrait toujours les ramasser et les étendre dans une voiture qu'on irait chercher. Mais la tête est endommagée par le coup de pied de l'âne; ils pourront bien en mourir dans trois ou quatre jours. »

Le brigadier était embarrassé; quoique les prisonniers ne lui fissent éprouver aucune pitié, il était bon, et il ne voulait pas les faire souffrir sans nécessité. M. de Ponchat, le papa de Pierre et de Henri, voyant son embarras, lui proposa de faire atteler une carriole. Le brigadier remercia et accepta. Quand la carriole fut amenée devant la porte, on y fit entrer Finot et Passe-Partout, chacun d'eux se trouvant entre deux gendarmes. De plus, on avait eu la précaution de leur attacher les pieds afin qu'ils ne pussent sauter de la carriole et s'enfuir. Le brigadier, à cheval, marchait à côté de la carriole, et ne perdait pas de vue ses prisonniers. Ils ne tardèrent pas à disparaître, et je restai seul devant la maison, mangeant de l'herbe,

Le brigadier, à cheval, marchait à côté de la carriole.

et attendant avec impatience la promenade de mes petits maîtres, et surtout de mon petit Jacques que je désirais revoir; le service que je venais de rendre devait m'avoir fait pardonner ma méchanceté passée.

Quand le jour fut venu tout à fait, que tout le monde fut levé, habillé, eut déjeuné, un groupe se précipita sur le perron. C'étaient les enfants. Tous coururent à moi et me caressèrent à l'envi. Mais, entre toutes les caresses, celles de mon petit Jacques furent les plus affectueuses.

« Mon bon Cadichon, disait-il, te voilà revenu! J'étais si triste que tu fusses parti! Mon cher Cadichon, tu vois que nous t'aimons toujours.

CAMILLE.

Il est vrai qu'il est redevenu très bon.

MADELEINE.

Et qu'il n'a plus cet air insolent qu'il avait pris depuis quelque temps.

ÉLISABETH.

Et qu'il ne mord plus son camarade ni les chiens de garde.

LOUIS.

Et qu'il se laisse seller et brider très sagement.

HENRIETTE.

Et qu'il ne mange plus les bouquets que je tiens dans la main.

JEANNE.

Et qu'il ne rue plus quand on le monte.

PIERRE.

Et qu'il ne court plus après mon poney pour lui mordre la queue.

JACQUES.

Et qu'il a sauvé tous les légumes et les fruits du potager en faisant attraper les deux voleurs.

HENRI..

Et qu'il leur a cassé la tête avec ses pieds.

ÉLISABETH.

Mais comment a-t-il pu faire prendre les voleurs?

PIERRE.

On ne sait pas du tout comment il a pu faire; mais on a été averti par ses braiments. Papa, mes oncles et quelques domestiques sont sortis et ont vu Cadichon allant et venant, galopant avec inquiétude de la maison au jardin; ils l'ont suivi avec des lanternes, et il les a menés au bout du mur extérieur du potager; ils ont trouvé là deux hommes évanouis et ils ont vu que c'étaient des voleurs.

JACQUES.

Comment ont-ils pu voir que c'étaient des voleurs? Est-ce que les voleurs ont des figures et des habits extraordinaires qui ne ressemblent pas aux nôtres?

ÉLISABETH.

Ah! je crois bien que ce n'est pas comme nous! J'ai vu toute une bande de voleurs; ils avaient des chapeaux pointus, des manteaux marrons, et des visages méchants avec d'énormes moustaches.

— Où les as-tu vus? Quand cela? demandèrent tous les enfants à la fois.

ÉLISABETH.

Je les ai vus, l'hiver dernier, au théâtre de Franconi.

HENRI.

Ah! ah! ah! quelle bêtise! Je croyais que c'étaient de vrais voleurs que tu avais rencontrés dans un de tes voyages, et je m'étonnais que mon oncle et ma tante n'en eussent pas parlé.

ÉLISABETH, *piquée*.

Certainement, monsieur, ce sont de vrais voleurs, et les gendarmes se sont battus contre eux et les ont tués ou faits prisonniers. Et ce n'est pas drôle du tout; j'avais très peur, et il y a eu de pauvres gendarmes blessés.

PIERRE.

Ah! ah! ah! que tu es sotte! ce que tu as vu, c'est ce qu'on appelle une comédie, qui est jouée par des hommes qu'on paye et qui recommencent tous les soirs.

ÉLISABETH.

Comment veux-tu qu'ils recommencent, puisqu'ils sont tués?

PIERRE.

Mais tu ne vois donc pas qu'ils font semblant d'être tués ou blessés, et qu'ils se portent aussi bien que toi et moi.

ÉLISABETH.

Alors comment papa et mes oncles ont-ils reconnu que ces hommes étaient des voleurs?

PIERRE.

Parce qu'on a trouvé dans leurs poches des couteaux à tuer des hommes, et....

JACQUES, *interrompant.*

Comment est-ce fait des couteaux à tuer des hommes?

PIERRE.

Mais... mais... comme tous les couteaux.

JACQUES.

Alors, comment sais-tu que c'est pour tuer des hommes? c'est peut-être pour couper leur pain.

PIERRE.

Tu m'ennuies, Jacques; tu veux toujours tout comprendre, et tu m'as interrompu quand j'allais dire qu'on a trouvé des papiers sur lesquels ils avaient écrit qu'ils voleraient nos légumes, qu'ils tueraient le curé et beaucoup d'autres personnes.

JACQUES.

Et pourquoi ne voulaient-ils pas nous tuer, nous autres?

ÉLISABETH.

Parce qu'ils savaient que papa et mes oncles sont très courageux, qu'ils ont des pistolets ou des fusils, et que nous les aurions tous aidés.

HENRI.

Tu serais d'un fameux secours, en vérité, si on venait nous attaquer.

ÉLISABETH.

Je serais tout aussi courageuse que vous, mon-

sieur, et je saurais bien tirer les voleurs par les jambes pour les empêcher de tuer papa.

CAMILLE.

Voyons, voyons, ne vous disputez pas, et laissez Pierre nous raconter ce qu'il a entendu dire.

ÉLISABETH.

Nous n'avons pas besoin de Pierre pour savoir ce que nous savons déjà.

PIERRE.

Alors, pourquoi me demandez-vous comment papa a reconnu les voleurs?

— Monsieur Pierre, monsieur Henri, M. Auguste vous cherche, dit le jardinier, qui venait apporter la provision de légumes pour la cuisine.

— Où est-il? demandèrent Pierre et Henri.

— Dans le jardin, messieurs, répondit le jardinier; il n'a pas osé approcher du château, de peur de se rencontrer avec Cadichon. »

Je soupirais et je pensais que le pauvre Auguste avait raison de me craindre depuis le triste jour où j'avais manqué de le noyer dans un fossé de boue, après l'avoir fait égratigner dans les ronces et les épines, et l'avoir fait rudement tomber en mordant son poney.

« Je lui dois une réparation, me dis-je; comment faire pour lui rendre un service et lui montrer qu'il n'a plus de motifs pour me craindre? »

XXV

LA RÉPARATION

Pendant que je cherchais en vain ce que je pouvais faire pour témoigner mon repentir à Auguste, les enfants se rapprochèrent de la place où je réfléchissais tout en broutant l'herbe. Je vis qu'Auguste restait à une certaine distance de moi, et qu'il me regardait d'un air méfiant.

PIERRE.

Il fera chaud aujourd'hui, je ne crois pas qu'une longue promenade soit agréable. Nous ferons mieux de rester à l'ombre dans le parc.

AUGUSTE.

Pierre a raison, d'autant que depuis la maladie dont j'ai manqué mourir, je suis resté faible, et je me fatigue facilement d'une longue course.

HENRI.

C'est pourtant Cadichon qui a été cause de ta maladie, tu dois lui en vouloir?

AUGUSTE.

Je ne crois pas qu'il l'ait fait exprès, il aura eu peur de quelque chose sur le chemin ; la frayeur lui aura fait faire un saut qui m'a jeté dans cet affreux fossé. Ainsi, je ne le déteste pas ; seulement....

PIERRE.

Seulement quoi?

AUGUSTE, *rougissant légèrement*.

Seulement j'aime mieux ne plus le monter.

La générosité de ce pauvre garçon me toucha, et augmenta mes regrets de l'avoir si fort maltraité.

Camille et Madeleine proposèrent de faire la cuisine; les enfants avaient bâti un four dans leur jardin; ils le chauffaient avec du bois sec qu'ils ramassaient eux-mêmes. La proposition fut acceptée avec joie; les enfants coururent demander des tabliers de cuisine; ils revinrent tout préparer dans leur jardin. Auguste et Pierre apportèrent le bois; ils cassaient chaque brin en deux et en remplissaient leur four.

Avant de l'allumer, ils se rassemblèrent pour savoir ce qu'ils allaient servir pour leur déjeuner.

« Je ferai une omelette, dit Camille.

MADELEINE.

Moi, une crème au café.

ÉLISABETH.

Moi, des côtelettes.

PIERRE.

Et moi, une vinaigrette de veau froid.

HENRI.

Moi, une salade de pommes de terre.

JACQUES.

Moi, des fraises à la crème

LOUIS.

Moi, des tartines de pain et de beurre.

HENRIETTE

Et moi, du sucre râpé.

JEANNE.

Et moi, des cerises.

AUGUSTE.

Et moi, je couperai le pain, je mettrai le couvert, je préparerai le vin et l'eau, et je servirai tout le monde. »

Et chacun alla demander à la cuisine ce qu'il lui fallait pour le plat qu'il devait fournir. Camille rapporta des œufs, du beurre, du sel, du poivre, une fourchette et une poêle.

« Il me faut du feu pour fondre mon beurre et pour cuire mes œufs, dit-elle. Auguste, Auguste, du feu, s'il vous plaît.

AUGUSTE.

Où faut-il l'allumer?

CAMILLE.

Près du four; dépêchez-vous, je bats mes œufs.

MADELEINE.

Auguste, Auguste, courez à la cuisine me chercher du café pour ma crème que je fouette; je l'ai oublié; vite, dépêchez-vous.

AUGUSTE.

Il faut que j'allume du feu pour Camille.

MADELEINE.

Après; allez vite chercher mon café : ce ne sera pas long, et je suis pressée. »

Auguste partit en courant.

ÉLISABETH.

Auguste, Auguste, il me faut de la braise et un gril pour mes côtelettes; je finis de les couper proprement.

Auguste, qui accourait avec le café, repartit pour le gril.

PIERRE.

Il me faut de l'huile pour ma vinaigrette.

HENRI.

Et moi, du vinaigre pour ma salade; Auguste, vite de l'huile et du vinaigre.

Auguste, qui rapportait le gril, retourna en courant chercher le vinaigre et l'huile.

CAMILLE.

Eh bien! mon feu, c'est comme ça que vous l'allumez, Auguste? Mes œufs sont battus, vous allez me faire manquer mon omelette.

AUGUSTE.

On m'a donné des commissions; je n'ai pas encore eu le temps d'allumer le bois.

ÉLISABETH.

Et ma braise? où est-elle, Auguste? Vous avez oublié ma braise!

AUGUSTE.

Non, Élisabeth, mais je n'ai pas pu; on m'a fait courir.

Auguste rapportait le gril.

ÉLISABETH.

Je n'aurai pas le temps de faire griller mes côtelettes; dépêchez-vous, Auguste.

LOUIS.

Il me faut un couteau pour couper mes tartines. Vite un couteau, Auguste.

JACQUES.

Je n'ai pas de sucre pour mes fraises; râpe du sucre, Henriette; dépêche-toi.

HENRIETTE.

Je râpe tant que je peux, mais je suis fatiguée; je vais me reposer un peu. J'ai si soif!...

JEANNE.

Mange des cerises; moi aussi, j'ai soif.

JACQUES.

Et moi donc? je vais en goûter un peu; cela rafraîchit la langue.

LOUIS.

Je veux me rafraîchir un peu aussi; c'est fatigant de faire des tartines.

Et voilà les quatre petits qui entourent le panier de cerises.

JEANNE.

Asseyons-nous; ce sera plus commode pour se rafraîchir.

Ils se rafraîchirent si bien, qu'ils mangèrent toutes les cerises; quand il n'en resta plus, ils se regardèrent avec inquiétude.

JEANNE.

Il ne reste plus rien.

HENRIETT

Ils vont nous gronder.

LOUIS, *avec inquiétude*.

Mon Dieu, mon Dieu! comment faire?

JACQUES.

Demandons à Cadichon de venir à notre secours.

LOUIS.

Que veux-tu que fasse Cadichon? il ne peut pas

faire qu'il y ait des cerises quand nous avons tout mangé !

JACQUES.

C'est égal ; Cadichon, mon bon Cadichon, viens nous aider ; vois notre panier vide, et tâche de le remplir.

J'étais tout près des quatre petits gourmands. Jacques me mettait le panier vide sous le nez pour me faire comprendre ce qu'il attendait de moi. Je le flairai et je partis au petit trot ; j'allai à la cuisine, où j'avais vu déposer un panier de cerises, je le pris entre mes dents, je l'emportai en trottant, et je le déposai au milieu des enfants encore assis en rond près des noyaux et des queues de cerises qu'ils avaient mis dans leur assiette.

Un cri de joie accueillit mon retour. Les autres se retournèrent tous à ce cri, et demandèrent ce qu'il y avait.

« C'est Cadichon ! c'est Cadichon ! s'écria Jacques.

— Tais-toi, lui dit Jeanne ; ils sauront que nous avons tout mangé.

— Tant pis, s'ils le savent ! répondit Jacques. Je veux qu'ils sachent aussi combien Cadichon est bon et spirituel. »

Et, courant à eux, il leur raconta comment j'avais réparé leur gourmandise. Au lieu de gronder les quatre petits, ils louèrent Jacques de sa franchise, et donnèrent aussi de grands éloges à mon intelligence.

Pendant ce temps, Auguste avait allumé le feu

de Camille, la braise d'Élisabeth ; Camille faisait cuire son omelette, Madeleine finissait sa crème, Élisabeth grillait ses côtelettes, Pierre coupait son veau en tranches pour y faire un assaisonnement, Henri tournait et retournait sa salade de pommes de terre, Jacques faisait une bouillie de ses fraises et de sa crème, Louis achevait une pile de tartines, Henriette râpait son sucre qui débordait le sucrier, Jeanne épluchait les cerises du panier, et Auguste, suant, soufflant, mettait le couvert, courait pour avoir de l'eau fraîche pour rafraîchir le vin, pour embellir l'aspect du couvert avec des bateaux de radis, de cornichons, de sardines, d'olives. Il avait oublié le sel, il n'avait pas songé aux couverts ; il s'apercevait que les verres manquaient ; il découvrait des hannetons et des moucherons tombés dans les verres, dans les assiettes. Quand tout fut prêt, quand tous les plats furent placés sur la nappe, Camille se frappa le front.

« Ah ! dit-elle. Nous n'avons oublié qu'une chose : c'est de demander à nos mamans la permission de déjeuner dehors et de manger de notre cuisine.

— Courons vite, s'écrièrent les enfants, Auguste gardera le déjeuner. »

Et, s'élançant tous vers la maison, ils se précipitèrent dans le salon où étaient rassemblés les papas et les mamans.

La présence de ces enfants rouges, haletants, avec des tabliers de cuisine qui leur donnaient

l'air d'une bande de marmitons, surprit les parents.

Les enfants, courant chacun à leur maman, demandèrent avec une telle volubilité la permission de déjeuner dehors, qu'elles ne comprirent pas d'abord la demande. Après quelques questions et quelques explications, la permission fut accordée, et ils retournèrent bien vite rejoindre Auguste et leur déjeuner. Auguste avait disparu.

« Auguste! Auguste! crièrent-ils.

— Me voici, me voici », répondit une voix qui semblait venir du ciel.

Tous levèrent la tête et aperçurent Auguste, perché au haut d'un chêne, et qui se mit à descendre avec lenteur et précaution.

« Pourquoi as-tu grimpé là-haut? Quelle drôle d'idée tu as eue! » dirent Pierre et Henri.

Auguste descendait toujours sans répondre.

Quand il fut à terre, les enfants virent avec surprise qu'il était pâle et tremblant.

MADELEINE.

Pourquoi avez-vous grimpé à l'arbre, Auguste, et que vous est-il arrivé?

AUGUSTE.

Sans Cadichon, vous n'auriez retrouvé ni moi ni votre déjeuner; c'est pour sauver ma vie que je suis monté au haut de ce chêne.

PIERRE.

Raconte-nous ce qui est arrivé; comment Cadichon a-t-il pu te sauver la vie et préserver notre déjeuner?

CAMILLE.

Mettons-nous à table; nous écouterons en mangeant; je meurs de faim.

Ils se placèrent sur l'herbe, autour de la nappe; Camille servit l'omelette, qui fut trouvée excellente; Elisabeth servit à son tour ses côtelettes; elles étaient très bonnes, mais un peu trop cuites. Le reste du déjeuner vint ensuite; tout fut trouvé bon, bien arrangé, bien servi. Pendant qu'on mangeait, Auguste raconta ce qui suit :

« A peine étiez-vous partis, que je vis accourir les deux gros chiens de la ferme, attirés par l'odeur du repas; je ramassai un bâton, et je crus les faire partir en le brandissant devant eux. Mais ils voyaient les côtelettes, l'omelette, le pain, le beurre, la crème; au lieu d'avoir peur de mon bâton, ils voulurent se jeter sur moi; je lançai le bâton à la tête du plus gros, qui sauta sur mon dos....

— Comment, sur ton dos? dit Henri; il avait donc tourné autour de toi?

— Non, répondit Auguste en rougissant; mais j'avais jeté mon bâton, je n'avais plus rien pour me défendre, et tu comprends qu'il était inutile que je me fisse dévorer par des chiens affamés.

— Je comprends, reprit Henri d'un ton moqueur; c'est toi qui avais tourné les talons et qui te sauvais.

— Je m'en allais pour vous chercher, dit Auguste; les maudites bêtes coururent après moi, lorsque Cadichon vint à mon secours en saisissant

par la peau du dos le plus gros des chiens; il le secouait pendant que je grimpais à l'arbre; l'autre sauta après moi, m'attrapa par mon habit, et m'aurait mis en pièces, si Cadichon ne m'eût pas encore préservé de ce méchant animal; il donna un dernier et bon coup de dent au premier chien, qu'il lança en l'air, et qui alla retomber, brisé et

« Je vis accourir les deux gros chiens de la ferme. »

saignant, à quelques pas plus loin; ensuite Cadichon saisit par la queue celui qui tenait le pan de mon habit, ce qui le lui fit lâcher immédiatement; après l'avoir tiré au loin, il se retourna avec une agilité surprenante, et lui lança à la mâchoire une ruade qui doit lui avoir cassé quelques dents. Les deux chiens se sauvèrent en hurlant, et je me préparais à descendre de l'arbre lorsque vous êtes revenus. »

On admira beaucoup mon courage et ma présence d'esprit, et chacun vint à moi, me carossa et m'applaudit.

« Vous voyez bien, dit Jacques d'un air triom-

phant et l'œil brillant de bonheur, que mon ami Cadichon est redevenu excellent; je ne sais pas si vous l'aimez, mais moi je l'aime plus que jamais. N'est-ce pas, mon Cadichon, que nous serons toujours bons amis? »

« L'AUTRE SAUTA APRÈS MOI. »
(Page 343.)

Je répondis de mon mieux par un braiment joyeux ; les enfants se mirent à rire, et, se remettant à table, ils continuèrent leur repas. Madeleine servit sa crème.

« La bonne crème! dit Jacques.

— J'en veux encore, dit Louis.

— Et moi aussi, et moi aussi », dirent Henriette et Jeanne.

Madeleine était contente du succès de sa crème; il est juste de dire que chacun avait réussi parfaitement, que le déjeuner fut mangé en entier, et qu'il n'en resta rien. Le pauvre Jacques eut pourtant un moment d'humiliation. Il s'était chargé des fraises à la crème. Il avait sucré sa crème et il avait versé dedans les fraises tout épluchées. C'était très bien ; malheureusement il avait fini avant les autres. Voyant qu'il avait du temps devant lui, il voulut perfectionner son plat, et il se mit à écraser les fraises dans la crème. Il écrasa, écrasa si longtemps et si bien, que les fraises et la crème ne firent plus qu'une bouillie, qui devait avoir très bon goût, mais qui n'avait pas très bonne mine.

Lorsque le tour de Jacques arriva, et qu'il voulut servir ses fraises :

« Que me donnes-tu là? s'écria Camille. De la bouillie rouge? Qu'est-ce que c'est? Avec quoi l'as-tu faite?

— Ce n'est pas de la bouillie rouge, dit Jacques un peu confus; ce sont des fraises à la crème. C'est très bon, je t'assure, Camille; goûtes-en, tu verras.

— Des fraises? dit Madeleine, où sont les fraises? Je ne les vois pas. C'est dégoûtant ce que tu nous donnes.

— Mais oui, c'est dégoûtant, s'écrièrent tous les autres.

— Je croyais que ce serait meilleur écrasé, dit le pauvre petit Jacques, les yeux pleins de larmes. Mais, si vous voulez, j'irai vite cueillir d'autres fraises et chercher de la crème à la ferme.

— Non, mon bon petit Jacques, dit Élisabeth touchée de sa douleur; ta crème doit être très bonne. Veux-tu m'en servir? Je la mangerai avec grand plaisir. »

Jacques embrassa Élisabeth; sa figure reprit un air joyeux, et il en servit plein une assiette.

Les autres enfants, attendris comme Élisabeth par la bonté et la bonne volonté de Jacques, lui en demandèrent tous, et tous, après en avoir goûté, déclarèrent que c'était excellent, bien meilleur que si les fraises avaient été entières.

Le petit Jacques, qui avait examiné avec inquiétude leurs visages pendant qu'ils goûtaient à sa crème, redevint radieux quand il vit le succès de son invention; il en prit lui-même, et, quoiqu'il n'en fût pas resté beaucoup, il y en avait assez pour lui faire regretter de ne pas en avoir fait davantage.

Le déjeuner fini, ils se mirent à laver la vaisselle dans un grand baquet qui avait été oublié la veille, et que la gouttière avait rempli dans la nuit.

Ce ne fut pas le moins amusant de l'affaire, et la vaisselle n'était pas encore finie quand l'heure de l'étude sonna, et que les parents rappelèrent leurs enfants pour se mettre au travail. Ils demandèrent un quart d'heure de grâce pour achever de tout essuyer et ranger. On le leur accorda. Avant que le quart d'heure fût écoulé, tout était rapporté à la

Ils se mirent à laver la vaisselle.

cuisine, mis en place, les enfants étaient au travail, et Auguste avait fait ses adieux pour retourner chez lui.

Avant de s'en aller, Auguste m'appela, et, me voyant approcher, il courut à moi, me caressa et me remercia, par ses paroles et par ses gestes, du service que je lui avais rendu. Je vis ce sentiment de reconnaissance avec plaisir. Il me confirma dans la pensée qu'Auguste était bien meilleur que je ne l'avais jugé d'abord; qu'il n'avait ni rancune ni

méchanceté, et que s'il était poltron et un peu bête, ce n'était pas sa faute.

J'eus occasion, peu de jours après, de lui rendre un nouveau service.

XXVI

LE BATEAU

JACQUES.

Quel dommage qu'on ne puisse pas faire tous les jours un déjeuner comme celui de la semaine dernière : c'était si amusant !

LOUIS.

Et comme nous avons bien déjeuné !

CAMILLE.

Ce qui m'a semblé le meilleur, c'était la salade de pommes de terre et la vinaigrette de veau.

MADELEINE.

Je sais bien pourquoi : c'est parce que maman te défend habituellement de manger des choses vinaigrées.

CAMILLE, *riant*.

C'est possible ; les choses qu'on mange rare-

ment semblent toujours meilleures, surtout quand on les aime naturellement.

PIERRE.

Que ferons-nous aujourd'hui pour nous amuser?

ÉLISABETH.

C'est vrai, c'est notre jeudi; nous avons congé jusqu'au dîner.

HENRI.

Si nous pêchions une friture dans le grand étang?

CAMILLE.

Bonne idée! Nous aurons un plat de poisson pour demain, jour maigre.

MADELEINE.

Comment pêcherons-nous? Avons-nous des lignes?

PIERRE.

Nous avons assez d'hameçons; ce qui nous manque, ce sont des bâtons pour attacher nos lignes.

HENRI.

Si nous demandions aux domestiques d'aller nous en acheter au village?

PIERRE.

On n'en vend pas là; il faudrait aller à la ville, et c'est bien loin.

CAMILLE.

Voilà Auguste qui arrive; il a peut-être des lignes chez lui; on les enverrait chercher avec le poney.

JACQUES.

Moi, j'irai avec Cadichon.

HENRI.

Tu ne peux pas aller si loin tout seul.

JACQUES.

Ce n'est pas loin, c'est à une demi-lieue.

AUGUSTE, *arrivant*.

Qu'est-ce que vous voulez allez chercher avec Cadichon, mes amis?

PIERRE.

Des lignes pour pêcher. En as-tu, Auguste?

AUGUSTE.

Non; mais il n'y a pas besoin d'aller en chercher si loin; avec des couteaux, nous en ferons nous-mêmes autant que nous en voudrons.

HENRI.

Tiens! c'est vrai. Comment n'y avons-nous pas songé?

AUGUSTE.

Allons vite en couper dans le bois. Avez-vous des couteaux? J'ai le mien dans ma poche

PIERRE.

J'en ai un excellent que Camille m'a rapporté de Londres.

HENRI.

Et moi aussi, j'ai celui que m'a donné Madeleine.

JACQUES.

Et moi, j'ai aussi un couteau.

LOUIS.

Et moi aussi.

AUGUSTE.

Venez avec nous, alors; pendant que nous couperons les gros brins de bois, vous enlèverez l'écorce et les petites branches.

— Et nous, que ferons-nous en attendant? dirent Camille, Madeleine, Elisabeth.

— Faites préparer ce qui est nécessaire pour la pêche, répondit Pierre : le pain, les vers, les hameçons. »

Et tous se dispersèrent, allant chacun à son affaire.

Je me dirigeai donc doucement vers l'étang, et j'attendis plus d'une demi-heure l'arrivée des enfants. Je les vis enfin accourir tenant chacun sa gaule, et apportant les hameçons et autres objets dont ils pouvaient avoir besoin.

HENRI.

Je crois qu'il faudra battre l'eau pour faire venir les poissons au-dessus.

PIERRE.

Au contraire, il ne faut pas faire le moindre bruit : les poissons iront tout au fond dans la vase si nous les effrayons.

CAMILLE.

Je crois qu'il serait bon de les attirer en leur jetant quelques miettes de pain.

MADELEINE.

Oui, mais pas beaucoup; si nous leur en donnons trop, ils n'auront plus faim.

ÉLISABETH.

Attendez, laissez-moi faire; occupez-vous de

préparer les hameçons pendant que je leur jetterai du pain.

Elisabeth prit le pain ; à la première miette qu'elle jeta, une demi-douzaine de poissons s'élancèrent dessus. Elisabeth en jeta encore. Louis, Jacques, Henriette et Jeanne voulurent l'aider ; ils en jetèrent tant, que les poissons, rassasiés, ne voulurent plus y toucher.

« Je crains que nous n'en ayons trop jeté, dit Élisabeth tout bas à Louis et à Jacques.

JACQUES.

Qu'est-ce que cela fait ? ils mangeront le reste ce soir ou demain.

ÉLISABETH.

Mais c'est qu'ils ne voudront plus mordre à l'hameçon ; ils n'ont plus faim.

JACQUES.

Aïe ! aïe ! les cousins et les cousines ne seront pas contents.

ÉLISABETH.

Ne disons rien ; ils sont occupés à leurs hameçons ; peut-être les poissons mordront-ils tout de même.

— Voilà les hameçons prêts, dit Pierre apportant les lignes ; prenons chacun notre ligne, et lançons-la dans l'eau. »

Chacun prit sa ligne et la lança comme disait Pierre. Ils attendirent quelques minutes, en prenant garde de faire du bruit ; le poisson ne mordait pas.

AUGUSTE.

La place n'est pas bonne, allons plus loin.

HENRI.

Je crois qu'il n'y a pas de poisson ici, car voilà plusieurs miettes de pain qui n'ont pas été mangées.

CAMILLE.

Allez au bout de l'étang, près du bateau.

PIERRE.

C'est bien profond par là.

ÉLISABETH.

Qu'est-ce que cela fait? Crains-tu que les poissons ne se noient?

PIERRE.

Pas les poissons, mais l'un de nous s'il venait à y tomber.

HENRI.

Comment veux-tu que nous tombions? Nous ne nous approchons pas assez du bord pour glisser ou rouler dans l'eau.

PIERRE.

C'est vrai, mais je ne veux pas tout de même que les petits y aillent.

JACQUES.

Oh! je t'en prie, Pierre, laisse-moi aller avec toi; nous resterons très loin de l'eau.

PIERRE.

Non, non, restez où vous êtes; nous reviendrons bientôt vous joindre, car je ne pense pas que nous trouvions là-bas plus de poisson que

par ici. D'ailleurs, ajouta-t-il en baissant la voix, c'est votre faute si nous n'avons rien pu attraper; je vous ai bien vus, vous avez jeté dix fois trop de pain; je ne veux pas le dire à Henri, à Auguste, à Camille et à Madeleine, mais il est juste que vous soyez punis de votre étourderie.

Jacques n'insista plus, et raconta aux autres coupables ce que venait de lui dire Pierre. Ils se résignèrent à rester à la place où ils étaient, attendant toujours que les poissons voulussent bien se laisser prendre, et n'en prenant aucun.

J'avais suivi Pierre, Henri et Auguste au bout de l'étang. Ils jetèrent leurs lignes; pas plus de succès que là-bas; ils eurent beau changer de place, traîner les hameçons : les poissons ne paraissaient pas.

« Mes amis, dit Auguste, j'ai une excellente idée; au lieu de nous ennuyer à attendre qu'il plaise aux poissons de venir se faire prendre, faisons une pêche en grand : prenons-en quinze ou vingt à la fois.

PIERRE.

Comment ferons-nous pour en prendre quinze ou vingt, puisque nous ne pouvons en prendre un seul?

AUGUSTE.

Avec un filet qu'on appelle épervier.

HENRI.

Mais c'est très difficile; papa dit qu'il faut savoir le lancer.

AUGUSTE.

Difficile! quelle folie! Moi, j'ai lancé dix fois, vingt fois l'épervier. C'est très facile.

PIERRE.

Et as-tu pris beaucoup de poissons?

AUGUSTE.

Je n'en ai pas pris, parce que je ne le lançais pas dans l'eau.

HENRI.

Comment? où et sur quoi le lançais-tu?

AUGUSTE.

Sur l'herbe ou sur la terre, seulement pour m'apprendre à le bien jeter.

PIERRE.

Mais ce n'est pas du tout la même chose; je suis sûr que tu le lancerais très mal sur l'eau.

AUGUSTE.

Mal! tu crois cela? Tu vas voir si je le lance mal! Je cours chercher l'épervier qui sèche au soleil dans la cour.

PIERRE.

Non, Auguste, je t'en prie. S'il arrivait quelque chose, papa nous gronderait.

AUGUSTE.

Et que veux-tu qu'il arrive? Puisque je te dis que chez nous on pêche toujours à l'épervier. Je pars; attendez-moi, je ne serai pas longtemps. »

Et Auguste partit en courant, laissant Pierre et Henri mécontents et inquiets. Il ne tarda pas à revenir, traînant après lui le filet.

« Voilà, dit-il en l'étalant par terre. A présent, gare les poissons! »

Il lança l'épervier assez adroitement; il le tira avec précaution et lenteur.

« Tire donc plus vite! nous n'en finirons pas, dit Henri.

— Non, non, dit Auguste, il faut le ramener tout doucement pour ne pas faire rompre le filet et pour ne laisser échapper aucun poisson. »

Il continua à tirer, et, quand tout fut amené, le filet était vide : pas un poisson ne s'était laissé prendre.

« Oh! dit-il, une première fois ne compte pas. Il ne faut pas se décourager. Recommençons. »

Il recommença, mais il ne réussit pas mieux la seconde fois que la première.

« Je sais ce que c'est, dit-il. Je suis trop près du bord; il n'y a pas assez d'eau. Je vais entrer dans le bateau; comme il est très long, je serai assez éloigné du bord pour pouvoir bien développer mon épervier.

— Non, Auguste, dit Pierre, ne va pas dans le bateau; avec ton épervier, tu peux t'embarrasser dans les rames et les cordages, et tu ferais la culbute dans l'eau.

— Mais tu es comme un bébé de deux ans, Pierre, répliqua Auguste; moi, j'ai plus de courage que toi. Tu vas voir. »

Et il s'élança dans le bateau, qui alla de droite et de gauche. Auguste eut peur, quoiqu'il fît sem-

blant de rire, et je vis qu'il allait faire quelque maladresse. Il déploya et étendit mal son filet, gêné comme il l'était par le mouvement du bateau; ses mains n'étaient pas très rassurées, il chancelait sur ses pieds. L'amour-propre l'emporta toutefois, et il lança l'épervier. Mais le mouvement fut arrêté par la crainte de tomber à l'eau; l'épervier s'accrocha à son épaule gauche, et lui donna une secousse qui le fit tomber dans l'étang la tête la première. Pierre et Henri poussèrent un cri de terreur qui répondit au cri d'angoisse qu'avait poussé le malheureux Auguste en se sentant tomber. Il se trouvait enveloppé dans le filet, qui gênait ses mouvements, et qui ne lui permettait pas de nager pour revenir sur l'eau et près du bord. Plus il se débattait, plus il resserrait le filet autour de son corps. Je le voyais enfoncer petit à petit. Quelques instants encore et il était perdu. Pierre et Henri ne pouvaient lui prêter aucun secours, ne sachant nager ni l'un ni l'autre. Avant qu'ils pussent amener du monde, Auguste devait périr infailliblement.

Je ne fus pas longtemps à prendre mon parti; me jetant résolument à l'eau, je nageai vers lui, et je plongeai, car il était déjà à une grande profondeur sous l'eau. Je saisis avec mes dents le filet qui l'enveloppait; je nageai vers le bord en le tirant après moi; je regrimpai la pente, fort escarpée, tirant toujours Auguste, au risque de lui occasionner quelques bosses en le traînant sur des

pierres et des racines, et je l'amenai jusque sur l'herbe, où il resta sans mouvement.

Pierre et Henri, pâles et tremblants, accoururent près de lui, le débarrassèrent, non sans peine, du filet qui le serrait, et, voyant accourir Camille

Il lança l'épervier.

et Madeleine, ils leur demandèrent d'aller chercher du secours.

Les petits, qui avaient vu de loin la chute d'Auguste, arrivaient aussi en courant, et aidèrent Pierre et Henri à essuyer son visage et ses cheveux imprégnés d'eau. Les domestiques de la mai-

son ne tardèrent pas à venir. On emporta Auguste sans connaissance, et les enfants restèrent seuls avec moi.

« Excellent Cadichon! s'écria Jacques, c'est pourtant toi qui as sauvé la vie à Auguste! Avez-vous vu tous avec quel courage il s'est jeté à l'eau?

LOUIS.

Oui, certainement! Et comme il a plongé pour rattraper Auguste!

ÉLISABETH.

Et comme il l'a habilement tiré sur l'herbe!

JACQUES.

Pauvre Cadichon! tu es mouillé!

HENRIETTE.

Ne le touche pas, Jacques; il va mouiller tes habits; vois comme l'eau lui coule de partout.

— Ah bah! qu'est-ce que ça fait que je sois un peu mouillé? dit Jacques passant ses bras autour de mon cou; je ne le serai jamais autant que Cadichon.

LOUIS.

Au lieu de l'embrasser et de lui faire des compliments, tu ferais mieux de l'emmener à l'écurie, où nous le bouchonnerons bien avec de la paille et où nous lui donnerons de l'avoine pour le réchauffer et lui rendre des forces.

JACQUES.

Ceci est très vrai; tu as raison. Viens, mon Cadichon.

« Je l'amenai jusque sur l'herbe. » (Page 361.)

JEANNE.

Qu'est-ce que c'est que de bouchonner? Tu dis, Louis, que tu bouchonneras Cadichon?

LOUIS.

Bouchonner, c'est frotter avec des poignées de paille jusqu'à ce que le cheval ou l'âne soit bien sec. On appelle cela *bouchonner*, parce que la poignée de paille qu'on tortille pour cela s'appelle un *bouchon* de paille. »

Je suivais Jacques et Louis, qui marchèrent vers l'écurie en me faisant signe de les accompagner. Tous deux se mirent à me bouchonner avec une telle vivacité, qu'ils furent bientôt en nage. Ils ne cessèrent pourtant que lorsqu'ils m'eurent bien séché. Pendant ce temps, Henriette et Jeanne se relayaient pour peigner et brosser ma crinière et ma queue. J'étais superbe quand ils eurent fini, et je mangeai avec un appétit extraordinaire la mesure d'avoine que Jacques et Louis me présentèrent.

« Henriette, dit tout bas la petite Jeanne à sa cousine, Cadichon a beaucoup d'avoine; il en a trop.

HENRIETTE.

Ça ne fait rien, Jeanne; il a été très bon; c'est pour le récompenser.

JEANNE.

C'est que je voudrais bien lui en prendre un peu.

HENRIETTE.

Pourquoi?

JEANNE.

Pour en donner à nos pauvres lapins, qui n'en ont jamais et qui l'aiment tant.

HENRIETTE.

Si Jacques et Louis te voient prendre l'avoine de Cadichon, ils te gronderont.

JEANNE.

Ils ne me verront pas. J'attendrai qu'ils ne me regardent pas.

HENRIETTE.

Alors tu seras une voleuse, car tu voleras l'avoine du pauvre Cadichon, qui ne peut pas se plaindre, puisqu'il ne peut pas parler.

— C'est vrai, dit Jeanne tristement. Mes pauvres lapins seraient pourtant bien contents d'avoir un peu d'avoine. » Et Jeanne s'assit près de mon auget, me regardant manger.

« Pourquoi restes-tu là, Jeanne? demanda Henriette. Viens avec moi pour avoir des nouvelles d'Auguste.

— Non, répondit Jeanne, j'aime mieux attendre que Cadichon ait fini de manger, parce que, s'il laisse un peu d'avoine, je pourrai alors la prendre, sans le voler, pour la donner à mes lapins. »

Henriette insista pour la faire partir, mais Jeanne refusa et resta près de moi. Henriette s'en alla avec ses cousins et ses cousines.

Je mangeai lentement; je voulais voir si Jeanne, une fois seule, succomberait à la tentation de ré-

galer ses lapins à mes dépens. Elle regardait de temps en temps dans l'auget.

« Comme il mange! disait-elle. Il n'en finira pas.... Il ne doit plus avoir faim, et il mange toujours.... L'avoine diminue; pourvu qu'il ne mange pas tout.... S'il en laissait un peu seulement, je serais si contente! »

J'aurais bien mangé tout ce qui était devant moi, mais la pauvre petite me fit pitié; elle ne touchait à rien, malgré l'envie qu'elle en avait. Je fis donc semblant d'en avoir assez, et je quittai mon auget, y laissant la moitié de l'avoine; Jeanne fit un cri de joie, sauta sur ses pieds, et, prenant l'avoine par poignées, la versa dans son tablier de taffetas noir.

« Que tu es bon, que tu es gentil, mon gentil Cadichon! disait-elle. Je n'ai jamais vu un meilleur âne que toi.... C'est bien gentil de ne pas être gourmand! Tout le monde t'aime parce que tu es très bon.... Les lapins seront bien contents! Je leur dirai que c'est toi qui leur donnes de l'avoine. »

Et Jeanne, qui avait fini de tout verser dans son tablier, partit en courant. Je la vis arriver à la petite maisonnette des lapins, et je l'entendis leur raconter combien j'étais bon, que je n'étais pas du tout gourmand, qu'il fallait faire comme moi, et que, puisque j'avais laissé de l'avoine à des lapins, eux devaient en laisser pour les petits oiseaux.

« Je reviendrai tantôt, leur dit-elle, et je verrai si vous avez été bons comme Cadichon. »

Elle ferma ensuite leur porte, et courut rejoindre Henriette.

Je la suivis pour savoir des nouvelles d'Au-

....Eux devaient en laisser pour les petits oiseaux.

guste; en approchant du château, je vis avec plaisir qu'Auguste était assis sur l'herbe avec ses amis. Quand il me vit arriver, il se leva, vint à moi, et dit en me caressant :

« Voilà mon sauveur; sans lui j'étais mort: j'ai perdu connaissance au moment où Cadichon,

« Voilà mon sauveur. »

ayant saisi le filet, commençait à me tirer à terre ; mais je l'ai très bien vu se jeter à l'eau et plonger pour me sauver. Jamais je n'oublierai le service qu'il m'a rendu, et jamais je ne reviendrai ici sans dire bonjour à Cadichon.

— Ce que vous dites là est très bien, Auguste, dit la grand'mère. Quand on a du cœur, on a de la reconnaissance envers un animal aussi bien que pour un homme. Quant à moi, je me souviendrai toujours des services que nous a rendus Cadichon, et, quoi qu'il arrive, je suis décidée à ne jamais m'en séparer.

CAMILLE.

Mais, grand'mère, il y a quelques mois, vous vouliez l'envoyer au moulin. Il aurait été très malheureux au moulin.

LA GRAND'MÈRE.

Aussi, chère enfant, ne l'y ai-je pas envoyé. J'en avais eu la pensée un instant, il est vrai, après le tour qu'il avait joué à Auguste, et à cause d'une foule de petites méchancetés dont toute la maison se plaignait. Mais j'étais décidée à le garder ici en récompense de ses anciens services. A présent, non seulement il restera avec nous, mais je veillerai à ce qu'il y soit heureux.

— Oh ! merci, grand'mère, merci ! s'écria Jacques en sautant au cou de sa grand'mère, qu'il manqua jeter par terre. C'est moi qui aurai toujours soin de mon cher Cadichon ; je l'aimerai, et il m'aimera plus que les autres.

LA GRAND'MÈRE.

Pourquoi veux-tu que Cadichon t'aime plus que les autres, mon petit Jacques? Ce n'est pas juste.

JACQUES.

Si fait, grand'mère, c'est juste, parce que je l'aime plus que ne l'aiment mes cousins et cousines, et que, lorsqu'il a été méchant, que personne ne l'aimait, moi, je l'aimais encore un peu.... et même beaucoup, ajouta-t-il en riant. N'est-il pas vrai, Cadichon? »

Je vins aussitôt appuyer ma tête sur son épaule. Tout le monde se mit à rire, et Jacques continua :

« N'est-ce pas, mes cousines et cousins, que vous voulez bien que Cadichon m'aime plus que vous?

— Oui, oui, oui, répondirent-ils tous en riant.

JACQUES.

Et n'est-ce pas que j'aime Cadichon, et que je l'ai toujours aimé plus que vous ne l'aimez?

— Oui, oui, oui, reprirent-ils tout d'une voix.

JACQUES.

Vous voyez bien, grand'mère, que, puisque c'est moi qui vous ai amené Cadichon, puisque c'est moi qui l'aime le plus, il est juste que ce soit moi que Cadichon aime le mieux.

LA GRAND'MÈRE, *souriant*.

Je ne demande pas mieux, cher enfant; mais, quand tu n'y seras pas, tu ne pourras plus le soigner.

JACQUES, *avec vivacité*.

Mais j'y serai toujours, grand'mère.

LA GRAND'MÈRE.

Non, mon cher enfant, tu n'y seras pas toujours, puisque ton papa et ta maman t'emmènent quand ils s'en vont. »

Jacques devint triste et pensif; il restait le bras appuyé sur mon dos, et la tête appuyée sur sa main.

Tout à coup son visage s'éclaircit.

« Grand'mère, dit-il, voulez-vous me donner Cadichon?

LA GRAND'MÈRE.

Je te donnerai tout ce que tu voudras, mon cher petit, mais tu ne pourras pas l'emmener avec toi à Paris.

JACQUES.

Non, c'est vrai; mais il sera à moi, et, quand papa aura un château, nous y ferons venir Cadichon.

LA GRAND'MÈRE.

Je te le donne à cette condition, mon enfant; en attendant, il vivra ici, et il vivra probablement plus longtemps que moi. N'oublie pas alors que Cadichon est à toi, et que je te laisse le soin de le faire vivre heureux. »

CONCLUSION

Depuis ce jour, mon petit maître Jacques sembla m'aimer plus encore. Moi, de mon côté, je fis mon possible pour me rendre utile et agréable, non seulement à lui, mais à toutes les personnes de la maison. Je n'eus pas à me repentir des efforts que j'avais faits pour me corriger, car tout le monde s'attacha à moi de plus en plus. Je continuai à veiller sur les enfants, à les préserver de plusieurs accidents, à les protéger contre les hommes et les animaux méchants.

Auguste venait souvent à la maison; jamais il n'oubliait de me faire sa visite, comme il l'avait promis, et chaque fois il m'apportait une petite friandise : tantôt une pomme, une poire, tantôt du pain et du sel que j'aimais particulièrement, ou bien une poignée de laitues ou quelques carottes; jamais enfin il n'oubliait de me donner ce qu'il savait être de mon goût. Ce qui prouve combien je m'étais trompé sur la bonté de son cœur, que

je jugeais méchant parce que le pauvre garçon avait été quelquefois sot et vaniteux.

Ce qui me donna la pensée d'écrire mes Mémoires, ce fut une suite de conversations entre Henri et ses cousins et cousines. Henri soutenait toujours que je ne comprenais pas ce que je faisais, ni pourquoi je le faisais. Ses cousines, et Jacques surtout, prenaient le parti de mon intelligence et de ma volonté de bien faire. Je profitai d'un hiver fort rude, qui ne me permettait guère de rester dehors, pour composer et écrire quelques événements importants de ma vie. Ils vous amuseront peut-être, mes jeunes amis, et, en tout cas, ils vous feront comprendre que, si vous voulez être bien servis, il faut bien traiter vos serviteurs ; que ceux que vous croyez les plus bêtes ne le sont pas autant qu'ils le paraissent ; qu'un âne a, tout comme les autres, un cœur pour aimer ses maîtres et pour souffrir de leurs mauvais traitements, une volonté pour se venger ou pour témoigner son affection ; qu'il peut, grâce à ses maîtres, être heureux ou malheureux, être un ami ou un ennemi, tout pauvre âne qu'il est. Je vis heureux, je suis aimé de tout le monde, soigné comme un ami par mon petit maître Jacques ; je commence à devenir vieux, mais les ânes vivent longtemps, et, tant que je pourrai marcher et me soutenir, je mettrai mes forces et mon intelligence au service de mes maîtres.

FIN

TABLE DES CHAPITRES

Chapitres.		Pages.
A MON PETIT MAÎTRE, M. HENRI DE SÉGUR........		1
I.	Le marché........	7
II.	La poursuite........	17
III.	Les nouveaux maîtres........	23
IV.	Le pont........	29
V.	Le cimetière........	39
VI.	La cachette........	49
VII.	Le médaillon........	59
VIII.	L'incendie........	67
IX.	La course d'ânes........	75
X.	Les bons maîtres........	93
XI.	Cadichon malade........	103
XII.	Les voleurs........	107
XIII.	Les souterrains........	117
XIV.	Thérèse........	131
XV.	La chasse........	153
XVI.	Médor........	169
XVII.	Les enfants de l'école........	181
XVIII.	Le baptême........	191
XIX.	L'âne savant........	205

TABLE DES CHAPITRES

XX.	La grenouille	227
XXI.	Le poney	235
XXII.	La punition	255
XXIII.	La conversion	273
XXIV.	Les voleurs	301
XXV.	La réparation	331
XXVI.	Le bateau	351
Conclusion		375

FIN DE LA TABLE.

27743. — PARIS, IMPRIMERIE A. LAHURE
9, rue de Fleurus.

LIBRAIRIE HACHETTE & Cie
BOULEVARD SAINT-GERMAIN, 79, A PARIS

LE
JOURNAL DE LA JEUNESSE

NOUVEAU RECUEIL HEBDOMADAIRE
TRÈS RICHEMENT ILLUSTRÉ
POUR LES ENFANTS DE 10 A 15 ANS

Les vingt et une premières années (1873-1893),
formant
quarante-deux beaux volumes grand in-8°, sont en vente.

Ce nouveau recueil est une des lectures les plus attrayantes que l'on puisse mettre entre les mains de la jeunesse. Il contient des nouvelles, des contes, des biographies, des récits d'aventures et de voyages, des causeries sur l'histoire naturelle, la géographie, les arts et l'industrie, etc., par

Mmes S. BLANDY, COLOMB, GUSTAVE DEMOULIN, EMMA D'ERWIN, ZÉNAÏDE FLEURIOT, ANDRÉ GÉRARD, JULIE GOURAUD, MARIE MARÉCHAL, L. MUSSAT, P. DE NANTEUIL, OUIDA, DE WITT NÉE GUIZOT;

MM. A. ASSOLLANT, DE LA BLANCHÈRE, LÉON CAHUN, RICHARD CORTAMBERT, ERNEST DAUDET, DILLAYE, LOUIS ÉNAULT, J. GIRARDIN, AIMÉ GIRON, AMÉDÉE GUILLEMIN, CH. JOLIET, ALBERT LÉVY, ERNEST MENAULT, EUGÈNE MULLER, PAUL PELET, LOUIS ROUSSELET, G. TISSANDIER, P. VINCENT, ETC.

et est

ILLUSTRÉ DE 11 000 GRAVURES SUR BOIS

d'après les dessins de

É. BAYARD, BERTALL, BLANCHARD,
CAIN, CASTELLI, CATENACCI, CRAFTY, C. DELORT,
FAGUET, FÉRAT, FERDINANDUS, GILBERT,
GODEFROY DURAND, HUBERT-CLERGET, KAUFFMANN, LIX, A. MARIE,
MESNEL, MOYNET, MYRBACH, A. DE NEUVILLE, PHILIPPOTEAUX,
POIRSON, PRANISHNIKOFF, RICHNER, RIOU,
RONJAT, SAHIB, TAYLOR, THÉROND,
TOFANI, TH. WEBER, E. ZIER

CONDITIONS DE VENTE ET D'ABONNEMENT

LE JOURNAL DE LA JEUNESSE paraît le samedi de chaque semaine. Le prix du numéro, comprenant 16 pages grand in-8°, est de 40 centimes.

Les 52 numéros publiés dans une année forment deux volumes.

Prix de chaque volume : broché, 10 francs; cartonné en percaline rouge, tranches dorées, 13 francs.

PRIX DE L'ABONNEMENT
POUR PARIS ET LES DÉPARTEMENTS

Un an (2 volumes).................. 20 francs
Six mois (1 volume).............. 10 —

Prix de l'abonnement pour les pays étrangers qui font partie de l'Union générale des postes : Un an, 22 fr.; six mois, 12 fr.

Les abonnements se prennent à partir du 1ᵉʳ décembre et du 1ᵉʳ juin de chaque année.

MON JOURNAL

NOUVEAU RECUEIL HEBDOMADAIRE

Illustré de nombreuses gravures en couleurs et en noir

A L'USAGE DES ENFANTS DE HUIT A DOUZE ANS

TREIZIÈME ANNÉE
(1893-1894)

Deuxième Série

MON JOURNAL, à partir du 1ᵉʳ Octobre 1892, est devenu hebdomadaire, de mensuel qu'il était, et convient à des enfants de 8 à 12 ans.

Il paraît un numéro le samedi de chaque semaine. — Prix du numéro, 15 centimes.

ABONNEMENTS :

FRANCE	UNION POSTALE
Six mois.......... 4 fr. 50	Six mois.......... 5 fr. 50
Un an............. 8 fr. »	Un an............. 10 fr. »

Prix des années V à XI (1ʳᵉ série) : brochée, 2 fr.; cartonnée en percaline gaufrée, avec fers spéciaux à froid, 2 fr. 50. (Les années I à IV sont épuisées.)

Prix de la XIIᵉ année (2ᵉ série) (1892-1893) : brochée, 8 fr.; cartonnée, 10 fr.

NOUVELLE COLLECTION ILLUSTRÉE
POUR LA JEUNESSE ET L'ENFANCE
1ʳᵉ SÉRIE, FORMAT IN-8° JÉSUS

Prix du volume : broché, 7 fr.; cartonné, tranches dorées, 10 fr.

About (Ed.) : *Le roman d'un brave homme.* 1 vol. illustré de 52 compositions par Adrien Marie.
— *L'homme à l'oreille cassée.* 1 vol. ill. de 61 compos. par Eug. Courboin.

Cahun (L.) : *Les aventures du capitaine Magon.* 1 vol. illustré de 72 gravures d'après Philippoteaux.
— *La bannière bleue.* 1 vol. illustré de 73 gravures d'après Lix.

Deslys (Charles) : *L'héritage de Charlemagne.* 1 vol. illustré de 129 gravures d'après Zier.

Dillaye (Fr.) : *Les jeux de la jeunesse.* 1 vol. illustré de 203 grav.

Dronsart (Mᵐᵉ M.) : *Les grandes voyageuses.* 1 vol. ill. de 75 grav.

Du Camp (Maxime) : *La vertu en France.* 1 vol. ill. de 45 gr. d'après Ducz, Myrbach, Tofani et E. Zier.
— *Bons cœurs et braves gens.* 1 vol. illustré de 50 grav. d'après Myrbach et Tofani.

Fleuriot (Mˡˡᵉ Z.) : *Cœur muet.* 1 vol. ill. de grav. d'après Adrien Marie.
— *Papillonne.* 1 volume illustré de 50 gravures d'après E. Zier.

Guillemin (Amédée) : *La Pesanteur et la Gravitation universelle. — Le Son.* 1 vol. contenant 3 planches en couleurs, 23 planches en noir et 445 figures dans le texte.
— *La Lumière.* 1 vol. contenant 13 planches en couleurs, 14 planches en noir et 353 figures dans le texte.
— *Le Magnétisme et l'Électricité.* 1 v. contenant 5 pl. en couleurs, 15 pl. en noir et 577 fig. dans le texte.

Guillemin (Amédée) (suite) : *La Chaleur.* 1 vol. contenant 4 pl. en couleurs, 8 planches en noir et 321 gravures dans le texte.
— *La Météorologie et la Physique moléculaire.* 1 vol. contenant 9 planches en couleurs, 20 planches en noir et 343 gravures dans le texte.
— *Les Comètes.* 1 vol. ill. de 85 gr.

La Ville de Mirmont (H. de) : *Contes Mythologiques.* 1 vol. illustré de 51 gravures.

Maël (P.) : *Une Française au Pôle Nord.* 1 vol. illustré de 52 grav. d'après Paris.

Manzoni : *Les fiancés.* Édition abrégée par Mᵐᵉ J. Colomb. 1 vol. illustré de 40 gravures.

Mouton (Eug.) : *Vie et Aventures du Capitaine Marius Cougourdan.* 1 vol. ill. de 60 grav. d'après E. Zier.
— *Joël Kerbabu.* 1 vol. illustré de 55 gravures d'après A. Paris.
— *Voyages merveilleux de Lazare Poban.* 1 vol. illustré de 51 grav. d'après Zier.

Rousselet (Louis) : *Nos grandes écoles militaires et civiles.* 1 vol. ill. de grav. d'après A. Lemaistre, Fr. Régamey et P. Renouard.
— *Nos grandes écoles d'application.* 1 vol. ill. de 95 gr. d'après Berson, Culmettes, Lemaistre et P. Renouard.

Witt (Mᵐᵉ de), née Guizot : *Les femmes dans l'histoire.* 1 vol. illustré de 80 gravures.
— *La charité en France à travers les siècles.* 1 vol. ill. de 50 gravures.

2ᵉ SÉRIE, FORMAT IN-8° RAISIN

Prix du volume : broché, 4 fr.; cartonné, tranches dorées, 6 fr.

Arthez (Danielle D') : *Les tribulations de Nicolas Mender.* 1 vol. ill. de 83 grav. d'après Tofani.

Assollant (A.) : *Montluc le Rouge.* 2 vol. avec 107 grav. d'après Sahib.
— *Pendragon.* 1 vol. avec 42 gravures d'après C. Gilbert.

Blandy (Mᵐᵉ S.) : *Rouzdou.* 1 vol. illustré de 112 grav d'après E. Zier.
— *La part du Cadet.* 1 vol. illustré de 112 gravures d'après Zier.

Chéron de la Bruyère (Mᵐᵉ) : *La tante Derbier.* 1 vol. illustré de 50 gravures d'après Myrbach.

Chéron de la Bruyère (Mme) (suite): *Princesse Rosalba.* 1 vol. illustré de 60 gravures d'après Tofani.

Colomb (Mme): *Le violoneux de la sapinière.* 1 vol. avec 85 gravures d'après A. Marie.
— *La fille de Carilès.* 1 vol. avec 90 grav. d'après A. Marie. Ouvrage couronné par l'Académie française.
— *Deux mères.* 1 vol. avec 133 gr. d'après A. Marie.
— *Le bonheur de Françoise.* 1 vol. avec 113 grav. d'après A. Marie.
— *Chloris et Jeanneton.* 1 vol. avec 105 gravures d'après Sahib.
— *L'héritière de Vauclain.* 1 vol. avec 104 grav. d'après C. Delort.
— *Franchise.* 1 vol. avec 113 gravures d'après C. Delort.
— *Feu de paille.* 1 vol. avec 98 grav. d'après Tofani.
— *Les étapes de Madeleine.* 1 vol. avec 105 grav. d'après Tofani.
— *Denis le tyran.* 1 vol. avec 115 gravures d'après Tofani.
— *Pour la muse.* 1 vol. avec 105 gravures d'après Tofani.
— *Pour la patrie.* 1 vol. avec 112 gravures d'après E. Zier.
— *Hervé Plémeur.* 1 vol. avec 112 gravures d'après E. Zier.
— *Jean l'innocent.* 1 vol. illustré de 112 gravures d'après Zier.
— *Danielle.* 1 vol. illustré de 112 gravures d'après Tofani.
— *Les révoltes de Sylvie.* 1 vol. avec 112 gravures d'après Tofani.
— *Mon oncle d'Amérique.* 1 vol. illustré de 112 grav. d'après Tofani.
— *La Fille des Bohémiens.* 1 vol. ill. de 12 grav. d'après S. Reichan.
— *Les conquêtes d'Hermine.* 1 vol. ill. de 112 grav. d'après Th. Vogel.
— *Hélène Corianis.* 1 vol. illustré de 80 gravures d'après A. Moreau.

Cortambert et Deslys: *Le pays du soleil.* 1 vol. avec 35 gravures.

Daudet (E.): *Robert Darnetal.* 1 vol. avec 81 grav. d'après Sahib.

Demage (G.): *A travers le Sahara.* 1 vol. illustré de 84 grav. d'après Mme Crampel.

Demoulin (Mme G.): *Les animaux étranges.* 1 vol. avec 174 gravures.

Deslys (Ch.): *Nos Alpes*, avec 39 gravures d'après J. David.
— *La mère aux chats.* 1 vol. avec 50 gravures d'après H. David.

Dillaye (Fr.): *La filleule de saint Louis.* 1 v. avec 30 g. d'après E. Zier.

Enault (L.): *Le chien du capitaine.* 1 vol. avec 43 gr. d'après E. Riou.

Fleuriot (Mlle Z.): *M. Nostradamus.* 1 vol. avec 38 gr. d'après A. Marie.
— *La petite duchesse.* 1 vol. avec 73 gravures d'après A. Marie.
— *Grandcœur.* 1 vol. avec 45 gravures d'après C. Delort.
— *Raoul Daubry, chef de famille.* 1 vol. avec 32 gr. d'après C. Delort.
— *Mandarine.* 1 vol. avec 95 gravures d'après C. Delort.
— *Cadok.* 1 vol. avec 24 gravures d'après C. Gilbert.
— *Câline.* 1 vol. avec 102 grav. d'après G. Fraipont.
— *Feu et flamme.* 1 vol. avec 80 gravures d'après Tofani.
— *Le clan des têtes chaudes.* 1 vol. illustré de 65 gr. d'après Myrbach.
— *Au Galadoc.* 1 vol. illustré de 60 gravures d'après Zier.
— *Les premières pages.* 1 vol. avec 75 gravures d'après Adrien Marie.
— *Rayon de soleil.* 1 vol. illustré de 40 gravures d'après Mencina Kresz.

Girardin (J.): *Les braves gens.* 1 v. avec 115 gr. d'après E. Bayard. Ouvrage couronné par l'Académie française.
— *Nous autres.* 1 vol. avec 182 gravures d'après E. Bayard.
— *La toute petite.* 1 vol. avec 128 gravures d'après E. Bayard.
— *L'oncle Placide.* 1 vol. avec 139 gravures d'après A. Marie.
— *Le neveu de l'oncle Placide.* 3 vol. illustrés de 367 gravures d'après A. Marie, qui se vendent séparément.
— *Grand-père.* 1 vol. avec 91 gravures d'après C. Delort. Ouvrage couronné par l'Académie française.

Girardin (J.) (suite) : *Maman*. 1 vol. avec 113 gravures d'après Tofani.
— *Le roman d'un cancre*. 1 vol. avec 119 gravures d'après Tofani.
— *Les millions de la tante Zizi*. 1 vol. avec 113 grav. d'après Tofani.
— *La famille Gaudry*. 1 vol. avec 113 gravures d'après Tofani.
— *Histoire d'un Berrichon*. 1 vol. avec 113 gravures d'après Tofani.
— *Le capitaine Bassinoire*. 1 vol. illustré de 119 gravures d'après Tofani.
— *Second violon*. 1 vol. illustré de 113 gravures d'après Tofani.
— *Le fils Volonsé*. 1 vol. avec 113 gravures d'après Tofani.
— *Le commis de M. Bouvat*. 1 vol. illustré de 119 gr. d'après Tofani.

Giron (Aimé) : *Les trois rois mages*. 1 vol. illustré de 60 gravures d'après Fralpont et Pranishnikoff.

Gouraud (Mlle J.) : *Cousine Marie*. 1 vol. avec 36 gravures d'après A. Marie.

Meyer (Henri) : *Les Jumeaux de la Bousaraque*. 1 vol. illustré de 9 gravures d'après Tofani.

Nanteuil (Mme P. de) : *Capitaine*. 1 vol. illustré de 72 gravures d'après Myrbach.
Ouvrage couronné par l'Académie française.
— *Le général Du Maine*. 1 vol. avec 70 gravures d'après Myrbach.
— *L'épave mystérieuse*. 1 volume illustré de 80 gr. d'après Myrbach.
Ouvrage couronné par l'Académie française.
— *En esclavage*. 1 vol. illustré de 80 gravures d'après Myrbach.
— *Une poursuite*. 1 vol. illustré de 57 gravures d'après Alfred Paris.
— *Le secret de la grève*. 1 vol. ill. de 50 gr. d'après A. Paris.
— *Alexandre Vorzof*. 1 vol. illustré de 80 grav. d'après Myrbach.

Rousselot (L.) : *Le charmeur de serpents*. 1 vol. avec 68 gravures d'après A. Marie.

Rousselot (L.) (suite) : *Le Fils du Connétable*. 1 vol. avec 113 grav. d'après Pranishnikoff.
— *Les deux mousses*. 1 vol. avec 90 gravures d'après Sahib.
— *Le tambour du Royal-Auvergne*. 1 vol. avec 113 gr. d'après Poirson.
— *La peau du tigre*. 1 vol. avec 110 gr. d'après Bellecroix et Tofani.

Saintine : *La nature et ses trois règnes*. 1 vol. avec 111 gravures d'après Foulquier et Faguet.
— *La mythologie du Rhin et les contes de la mère-grand*. 1 vol. avec 160 gravures d'après G. Doré.

Schultz (Mlle Jeanne) : *Tout droit*. 1 vol. ill. de 112 gr. d'après E. Zier.
— *La famille Hamelin*. 1 vol. ill. de 80 gravures d'après E. Zier.
— *Sauvons Madelon !* 1 vol. illustré de 60 gravures d'après Tofani.

Stany (Le Cte) : *Les Trésors de la Fable*. 1 vol. illustré de 80 gravures d'après E. Zier.

Tissot et Améro : *Aventures de trois fugitifs en Sibérie*. 1 vol. avec 72 gr. d'après Pranishnikoff.

Witt (Mme de), née Guizot : *Scènes historiques*. 1re série. 1 vol. avec 18 gravures d'après E. Bayard.
— *Scènes historiques*. 2e série. 1 vol. avec 23 gravures d'après A. Marie.
— *Lutin et démon*. 1 vol. avec 36 gravures d'après Pranishnikoff.
— *Normands et Normandes*. 1 vol. avec 70 gravures d'après E. Zier.
— *Un jardin suspendu*. 1 vol. avec 39 gravures d'après C. Gilbert.
— *Notre-Dame Guesclin*. 1 vol. avec 70 gravures d'après E. Zier.
— *Une sœur*. 1 vol. avec 65 gravures d'après E. Bayard.
— *Légendes et récits pour la jeunesse*. 1 vol. avec 18 gravures d'après Philippoteaux.
— *Un nid*. 1 vol. avec 63 gravures d'après Ferdinandus.
— *Un patriote au quatorzième siècle*. 1 v. ill. de gravures d'après E. Zier.
— *Alsaciens et Alsaciennes*. 1 vol. illustré de 60 gravures d'après A. Moreau et E. Zier.

BIBLIOTHÈQUE DES PETITS ENFANTS
DE 4 A 8 ANS
FORMAT GRAND IN-16
CHAQUE VOLUME, BROCHÉ, 2 FR. 25
CARTONNÉ EN PERCALINE BLEUE, TRANCHES DORÉES, 3 FR. 50
Ces volumes sont imprimés en gros caractères.

Chéron de la Bruyère (Mᵐᵉ) : *Contes à Pépée*. 1 vol. avec 24 gravures d'après Grivaz.
— *Plaisirs et aventures.* 1 vol. avec 30 gravures d'après Jeanniot.
— *La perruque du grand-père.* 1 vol. illustré de 30 gr. d'après Tofani.
— *Les enfants de Boisfleuri.* 1 vol. ill. de 30 grav. d'après Semechini.
— *Les vacances à Trouville.* 1 vol. avec 40 gravures d'après Tofani.
— *Le château du Roc-Salé.* 1 vol. illustré de 30 gr. d'après Tofani.
— *Les enfants du capitaine.* 1 vol. ill. de 30 grav. d'après Geoffroy.
— *Autour d'un bateau.* 1 vol. illustré de 36 gravures d'après E. Zier.

Desgranges : *Le chemin du collège.* 1 vol. ill. de 30 grav. d'après Tofani.
— *La famille Le Jarriel.* 1 vol. illustré de 30 gr. d'après Geoffroy.

Duporteau (Mᵐᵉ) : *Petits récits.* 1 vol. avec 28 gr. d'après Tofani.

Erwin (Mᵐᵉ E. d') : *Un été à la campagne.* 1 vol. avec 30 grav.

Favre : *L'épreuve de Georges.* 1 vol. avec 44 gravures d'après Geoffroy.

Franck (Mᵐᵉ E.) : *Causeries d'une grand'mère.* 1 vol. avec 72 grav.

Fresneau (Mᵐᵉ), née de Ségur : *Une année du petit Joseph.* Imité de l'anglais. 1 vol. avec 67 gravures d'après Jeanniot.

Girardin (J.) : *Quand j'étais petit garçon.* 1 vol. avec 52 gravures.
— *Dans notre classe.* 1 vol. avec 26 gravures d'après Jeanniot.
— *Un drôle de Bonhomme.* 1 vol. illustré de 30 grav. d'après Geoffroy.

Le Roy (Mᵐᵉ F.) : *L'aventure de Petit Paul.* 1 vol. illustré de 45 gravures d'après Ferdinandus.
— *Les étourderies de Mˡˡᵉ Lucie.* 1 vol. ill. de 30 gr. d'après Robaudi.
— *Pipo.* 1 vol. illustré de 36 gravures d'après Mencina Kresz.

Malaeux : *Sable-Plage.* 1 vol. ill. de 52 grav. d'après Zier.

Molesworth (Mᵐᵉ) : *Les aventures de M. Baby*, traduit de l'anglais. 1 vol. avec 12 gravures.

Pape-Carpantier (Mᵐᵉ) : *Nouvelles histoires et leçons de choses.* 1 vol. avec 42 gravures d'après Semechini.

Surville (André) : *Les grandes vacances.* 1 vol. avec 30 gravures d'après Semechini.
— *Les amis de Berthe.* 1 vol. avec 30 gravures d'après Ferdinandus.
— *La petite Givonnette.* 1 vol. illustré de 34 gravures d'après Grigny.
— *Fleur des champs.* 1 vol. illustré de 32 gravures d'après Zier.
— *La vieille maison du grand-père.* 1 vol. avec 34 gravures d'après Zier.
— *La fête de Saint-Maurice.* 1 vol. illustré de 34 grav. d'après Tofani.

Witt (Mᵐᵉ de), née Guizot : *Histoire de deux petits frères.* 1 vol. avec 45 grav. d'après Tofani.
— *Sur la plage.* 1 vol. avec 55 gravures d'après Ferdinandus.
— *Par monts et par vaux.* 1 vol. avec 54 grav. d'après Ferdinandus.
— *Vieux amis.* 1 vol. avec 60 gravures d'après Ferdinandus.
— *En pleins champs.* 1 vol. avec 45 gravures d'après Gilbert.
— *A la montagne.* 1 vol. illustré de 5 gravures d'après Ferdinandus.
— *Deux tout petits.* 1 vol. illustré de 32 gravures d'après Ferdinandus.
— *Au-dessus du lac.* 1 vol. avec 44 grav.
— *Les enfants de la tour du Roc.* 1 vol. ill. de 56 gr. d'après E. Zier.
— *La petite maison dans la forêt.* 1 vol. illustré de 36 grav. d'après Robaudi.
— *Histoire de bêtes.* 1 vol. illustré de 34 gravures d'après Bouisset.
— *Au creux du rocher.* 1 vol. ill. de 48 grav. d'après Robaudi.

BIBLIOTHÈQUE ROSE ILLUSTRÉE

FORMAT IN-16
CHAQUE VOLUME, BROCHÉ, 2 FR. 25
CARTONNÉ EN PERCALINE ROUGE, TRANCHES DORÉES, 3 FR. 50

Iʳᵉ SÉRIE, POUR LES ENFANTS DE 4 A 8 ANS

Anonyme : *Chien et chat*, traduit de l'anglais. 1 vol. avec 45 gravures d'après E. Bayard.
— *Douze histoires pour les enfants de quatre à huit ans*, par une mère de famille. 1 vol. avec 8 gravures d'après Bertall.
— *Les enfants d'aujourd'hui*, par le même auteur. 1 vol. avec 40 gravures d'après Bertall.

Carraud (Mᵐᵉ) : *Historiettes véritables*, pour les enfants de quatre à huit ans. 1 vol. avec 94 gravures d'après G. Fath.

Fath (G.) : *La sagesse des enfants*, proverbes. 1 vol. avec 100 gravures d'après l'auteur.

Laroque (Mᵐᵉ) : *Grands et petits*. 1 vol. avec 61 gravures d'après Bertall.

Marcel (Mᵐᵉ J.) : *Histoire d'un cheval de bois*. 1 vol. avec 20 gravures d'après E. Bayard.

Pape-Carpantier (Mᵐᵉ) : *Histoire et leçons de choses pour les enfants*. 1 vol. avec 85 gravures d'après Bertall.
Ouvrage couronné par l'Académie française.

Perrault, MMᵐᵉˢ d'Aulnoy et Leprince de Beaumont : *Contes de fées*. 1 vol. avec 65 gravures d'après Bertall et Forest.

Porchat (J.) : *Contes merveilleux*. 1 vol. avec 21 gravures d'après Bertall.

Schmid (Le chanoine) : *100 contes pour les enfants*, traduits de l'allemand par André Van Hasselt. 1 vol. avec 29 gravures d'après Bertall.

Ségur (Mᵐᵉ la comtesse de) : *Nouveaux contes de fées*. 1 vol. avec 46 gravures d'après Gustave Doré et H. Didier.

IIᵉ SÉRIE, POUR LES ENFANTS DE 8 A 14 ANS

Achard (A.) : *Histoire de mes amis*. 1 vol. avec 25 gravures d'après Bellecroix.

Alcott (Miss) : *Sous les lilas*, traduit de l'anglais par Mᵐᵉ S. Lepage. 1 vol. avec 23 gravures.

Andersen : *Contes choisis*, traduit du danois par Soldi. 1 vol. avec 40 gravures d'après Bertall.

Anonyme : *Les fêtes d'enfants, scènes et dialogues*. 1 vol. avec 41 gravures d'après Foulquier.

Assollant (A.): *Les aventures merveilleuses mais authentiques du capitaine Corcoran.* 2 vol. avec 50 gravures, d'après A. de Neuville.
Barrau (Th.): *Amour filial.* 1 vol. avec 41 gravures d'après Ferogio.
Bawr (M⁰ᵉ de): *Nouveaux contes.* 1 vol. avec 60 grav. d'après Bertall. Ouvrage couronné par l'Académie française.
Belèze: *Jeux des adolescents.* 1 vol. avec 140 gravures.
Berquin: *Choix de petits drames et de contes.* 1 vol. avec 36 gravures d'après Foulquier, etc.
Berthet (E.): *L'enfant des bois.* 1 vol. avec 61 gravures.
— *La petite Chailloux.* 1 vol. illustré de 41 gravures d'après E. Bayard et G. Fraipont.
Blanchère (De la): *Les aventures de la Ramée.* 1 vol. avec 36 gravures d'après E. Forest.
— *Oncle Tobie le pêcheur.* 1 vol. avec 80 gr. d'après Foulquier et Mesnel.
Boiteau (P.): *Légendes recueillies ou composées pour les enfants.* 1 vol. avec 42 gravures d'après Bertall.
Carpentier (M⁰ᵉ E.): *La maison du bon Dieu.* 1 vol. avec 58 gravures d'après Riou.
— *Sauvons-le!* 1 vol. avec 60 gravures d'après Riou.
— *Le secret du docteur, ou la maison fermée.* 1 vol. avec 43 gravures d'après P. Girardet.
— *La tour du preux.* 1 vol. avec 59 gravures d'après Tofani.
— *Pierre le Tors.* 1 vol. avec 64 gravures d'après Zier.
— *La dame bleue.* 1 vol. illustré de 49 gravures d'après E. Zier.
Carraud (M⁰ᵉ Z.): *La petite Jeanne, ou le devoir.* 1 vol. avec 21 gravures d'après Forest. Ouvrage couronné par l'Académie française.
— *Les goûters de la grand'mère.* 1 vol. avec 18 grav. d'après E. Bayard.

Carraud (M⁰ᵉ Z.) (suite): *Les métamorphoses d'une goutte d'eau.* 1 vol. avec 50 gravures d'après E. Bayard.
Castillon (A.): *Les récréations physiques.* 1 vol. avec 36 gravures d'après Castelli.
— *Les récréations chimiques*, faisant suite au précédent. 1 vol. avec 34 gravures d'après H. Castelli.
Casin (M⁰ᵉ J.): *Les petits montagnards.* 1 vol. avec 51 gravures d'après G. Vuillier.
— *Un drame dans la montagne.* 1 vol. avec 33 grav. d'après G. Vuillier.
— *Histoire d'un pauvre p'tit.* 1 vol. avec 40 gravures d'après Tofani.
— *L'enfant des Alpes.* 1 vol. avec 33 gravures d'après Tofani.
— *Perlette.* 1 vol. illustré de 54 gravures d'après Myrbach.
— *Les saltimbanques.* 1 vol. avec 60 gravures d'après Girardet.
— *Le petit chevrier.* 1 vol. illustré de 39 gravures d'après Vuillier.
— *Jean le Savoyard.* 1 vol. illustré de 51 gravures d'après Slom.
— *Les Orphelins bernois.* 1 vol. ill. de 54 grav. d'après Girardet.
Chabreul (M⁰ᵉ de): *Jeux et exercices des jeunes filles.* 1 vol. avec 62 gravures d'après Fath, et la musique des rondes.
Cim (Alb): *Mes amis et moi.* 1 vol. ill. de 16 grav. d'après Ferdinandus et Slom.
Colet (M⁰ᵉ L.): *Enfances célèbres.* 1 vol. avec 57 grav. d'après Foulquier.
Colomb (M⁰ᵉ J.): *Souffre-Douleur.* 1 vol. illustré de 49 gravures d'après M⁽⁾ᵉ Marcelle Lancelot.
Contes anglais, traduits par M⁰ᵉ de Witt. 1 vol. avec 43 gravures d'après Morin.
Deschamps (François): *Mon amie Georgette.* 1 vol. illustré de 43 gravures d'après Robaudi.
Dealya (Ch.): *Grand'maman.* 1 vol. avec 29 gravures d'après E. Zier.

Edgeworth (Miss) : *Contes de l'adolescence*, traduits par A. Le François. 1 vol. avec 42 gravures d'après Morin.
— *Contes de l'enfance*, traduits par la même. 1 vol. avec 50 gravures d'après Foulquier.
— *Demain*, suivi de *Mourad le malheureux*, contes traduits par H. Jousselin. 1 vol. avec 55 grav. d'après Bertall.

Fath (G.) : *Bernard, la gloire de son village*. 1 vol. avec 50 gravures d'après Mme G. Fath.
Ouvrage couronné par l'Académie française.

Fleuriot (Mlle) : *Le petit chef de famille*. 1 vol. avec 57 gravures d'après H. Castelli.
— *Plus tard*, ou *Le jeune chef de famille*. 1 vol. avec 60 gravures d'après E. Bayard.
— *L'enfant gâté*. 1 vol. avec 48 gravures d'après Ferdinandus.
— *Tranquille et Tourbillon*. 1 vol. avec 45 grav. d'après C. Delort.
— *Cadette*. 1 vol. avec 52 gravures d'après Tofani.
— *En congé*. 1 vol. avec 61 gravures d'après Ad. Marie.
— *Bigarrette*. 1 vol. avec 48 gravures d'après Ad. Marie.
— *Bouche-en-Cœur*. 1 vol. avec 45 gravures d'après Tofani.
— *Gildas l'intraitable*. 1 vol. avec 50 gravures d'après E. Zier.
— *Parisiens et Montagnards*. 1 vol. avec 49 gravures d'après E. Zier.

Foë (de) : *La vie et les aventures de Robinson Crusoé*, traduit de l'anglais. 1 vol. avec 40 gravures.

Fonvielle (W. de) : *Néridah*. 2 vol. avec 45 gravures d'après Sahib.

Fresneau (Mme), née de Ségur : *Comme les grands!* 1 vol. illustré de 46 gravures d'après Ed. Zier.
— *Thérèse à Saint-Domingue*. 1 vol. avec 49 gravures d'après Tofani.
— *Les protégés d'Isabelle*. 1 vol. illustré de 42 grav. d'après Tofani.

Fresneau (Mme), née de Ségur (suite): *Deux abandonnées*. 1 vol. illustré de 2 gravures d'après M. Orange.

Froment (Pierre) : *Petit-Prince*. 1 vol. illustré de 30 grav. d'après Robault.

Genlis (Mme de) : *Contes moraux*. 1 v. avec 40 grav. d'après Foulquier, etc.

Gérard (A.) : *Petite Rose*. — *Grande Jeanne*. 1 vol. avec 28 gravures d'après Gilbert.

Girardin (J.) : *La disparition du grand Krause*. 1 vol. avec 70 gravures d'après Kauffmann.

Giron (A.) : *Ces pauvres petits*. 1 vol. avec 22 grav. d'après B. Nouvel.

Gouraud (Mlle J.) : *Les enfants de la ferme*. 1 vol. avec 59 grav. d'après E. Bayard.
— *Le livre de maman*. 1 vol. avec 68 grav. d'après E. Bayard.
— *Cécile, ou la petite sœur*. 1 vol. avec 50 grav. d'après Desandré.
— *Lettres de deux poupées*. 1 vol. avec 59 gravures d'après Olivier.
— *Le petit colporteur*. 1 vol. avec 27 grav. d'après A. de Neuville.
— *Les mémoires d'un petit garçon*. 1 vol. avec 80 grav. d'après E. Bayard.
— *Les mémoires d'un caniche*. 1 vol. avec 75 grav. d'après E. Bayard.
— *L'enfant du guide*. 1 vol. avec 60 gravures d'après E. Bayard.
— *Petite et grande*. 1 vol. avec 48 gravures d'après E. Bayard.
— *Les quatre pièces d'or*. 1 vol. avec 55 gravures d'après E. Bayard.
— *Les deux enfants de Saint-Domingue*. 1 vol. avec 54 gravures d'après E. Bayard.
— *La petite maîtresse de maison*. 1 vol. avec 37 grav. d'après Marie.
— *Les filles du professeur*. 1 vol. avec 36 grav. d'après Kauffmann.
— *La famille Harel*. 1 vol. avec 44 gravures d'après Valnay.
— *Aller et retour*. 1 vol. avec 40 gravures d'après Ferdinandus.

Gouraud (Mlle J.) (suite) : *Les petits voisins.* 1 vol. avec 39 gravures d'après C. Gilbert.
— *Chez grand'mère.* 1 vol. avec 68 grav. d'après Tofani.
— *Le petit bonhomme.* 1 vol. avec 45 grav. d'après A. Ferdinandus.
— *Le vieux château.* 1 vol. avec 28 gravures d'après E. Zier.
— *Pierrot.* 1 vol. avec 31 gravures d'après E. Zier.
— *Minette.* 1 vol. illustré de 52 gravures d'après Tofani.
— *Quand je serai grande!* 1 vol. avec 60 gravures d'après Ferdinandus.

Grimm (Les frères) : *Contes choisis,* traduits par Ferd. Baudry. 1 vol. avec 40 gravures d'après Bertall.

Hauff : *La caravane,* traduit par A. Talon. 1 vol. avec 40 gravures d'après Bertall.
— *L'auberge du Spessart,* traduit par A. Talon. 1 vol. avec 61 gravures d'après Bertall.

Hawthorne : *Le livre des merveilles,* traduit de l'anglais par L. Rabillon. 2 vol. avec 40 gravures d'après Bertall.

Hebel et Karl Simrock : *Contes allemands,* traduits par M. Martin. 1 vol. avec 27 grav. d'après Bertall.

Johnson (R. B.) : *Dans l'extrême Far West,* traduit de l'anglais par A. Talandier. 1 vol. avec 20 gravures d'après A. Marie.

Marcel (Mme J.) : *L'école buissonnière.* 1 vol. avec 20 gravures d'après A. Marie.
— *Le bon frère.* 1 vol. avec 21 gravures d'après E. Bayard.
— *Les petits vagabonds.* 1 vol. avec 25 gravures d'après E. Bayard.
— *Histoire d'une grand'mère et de son petit-fils.* 1 vol. avec 36 gravures d'après C. Delort.
— *Daniel.* 1 vol. avec 45 gravures d'après Gilbert.
— *Le frère et la sœur.* 1 vol. avec 45 gravures d'après E. Zier.

Marcel (Mme J.) (suite) : *Un bon gros palaud.* 1 vol. avec 45 gravures d'après Jeanniot.
— *L'oncle Philibert.* 1 vol. illustré de 56 grav. d'après Fr. Régamey.

Maréchal (Mme M.) : *La dette de Ben-Aïssa.* 1 vol. avec 20 gravures d'après Bertall.
— *Nos petits camarades.* 1 vol. avec 18 gravures d'après E. Bayard et H. Castelli, etc.
— *La maison modèle.* 1 vol. avec 42 gravures d'après Sahib.

Marmier (X.) : *L'arbre de Noël.* 1 vol. avec 68 grav. d'après Bertall.

Martignat (Mme de) : *Les vacances d'Élisabeth.* 1 vol. avec 36 gravures d'après Kauffmann.
— *L'oncle Boni.* 1 vol. avec 42 gravures d'après Gilbert.
— *Ginette.* 1 vol. avec 50 gravures d'après Tofani.
— *Le manoir d'Yolan.* 1 vol. avec 56 gravures d'après Tofani.
— *Le pupille du général.* 1 vol. avec 40 gravures d'après Tofani.
— *L'héritière de Maurivèse.* 1 vol. avec 39 grav. d'après Poirson.
— *Une vaillante enfant.* 1 vol. avec 43 gravures par Tofani.
— *Une petite-nièce d'Amérique.* 1 vol. avec 43 gravures d'après Tofani.
— *La petite fille du vieux Thémi.* 1 vol. illustré de 42 gravures d'après Tofani.

Mayne-Reid (Le capitaine) : *Les chasseurs de girafes,* traduit de l'anglais par H. Vattemare. 1 vol. avec 10 grav. d'après A. de Neuville.
— *A fond de cale,* traduit par Mme H. Loreau. 1 vol. avec 12 gravures.
— *A la mer!* traduit par Mme H. Loreau. 1 vol. avec 12 gravures.
— *Bruin, ou les chasseurs d'ours,* traduit par A. Letellier. 1 vol. avec 8 grandes gravures.
— *Le chasseur de plantes,* traduit par Mme H. Loreau. 1 vol. avec 20 gravures.

Mayne-Reid (Le capitaine) (suite) : *Les exilés dans la forêt*, traduit par Mme H. Loreau. 1 vol. avec 12 gravures.
— *L'habitation du désert*, traduit par A. Le François. 1 vol. avec 24 gravures.
— *Les grimpeurs de rochers*, traduit par Mme H. Loreau. 1 vol. avec 20 gravures.
— *Les peuples étranges*, traduit par Mme H. Loreau. 1 vol. avec 24 gravures.
— *Les vacances des jeunes Boers*, traduit par Mme H. Loreau. 1 vol. avec 12 gravures.
— *Les veillées de chasse*, traduit par H.-B. Révoil. 1 vol. avec 43 gravures d'après Freeman.
— *La chasse au Léviathan*, traduit par J. Girardin. 1 vol. avec 51 gravures d'après A. Ferdinandus et Th. Weber.
— *Les naufragés de la Calypso*. 1 vol. traduit par Mme Gustave Domoulin et illustré de 55 gravures d'après Pranishnikoff.

Moyners d'Estrey (Cte) : *Voyages et aventures de Gérard Hendriks*. 1 vol. illustré de 15 grav. d'après Mme P. Crampel.
— *Le pays des diamants*. 1 vol. illustré de 30 gravures d'après E. Riou.

Moussac (Mme la marquise de) : *Popo et Lili ou les Deux Jumeaux*. 1 vol. illustré de 58 gravures d'après E. Zier.

Muller (E.) : *Robinsonnette*. 1 vol. avec 22 gravures d'après Lix.

Ouida : *Le petit comte*. 1 vol. avec 34 gravures d'après G. Vuillier, Tofani, etc.

Peyronny (Mme de), née d'Isle : *Deux cœurs dévoués*. 1 vol. avec 53 gravures d'après J. Devaux.

Pitray (Mme de) : *Les enfants des Tuileries*. 1 vol. avec 29 gravures d'après E. Bayard.
— *Les débuts du gros Philéas*. 1 vol. avec 57 gravures d'après H. Castelli.

Pitray (Mme de) (suite) : *Le château de la Pétaudière*. 1 vol. avec 78 gravures d'après A. Marie.
— *La fils du maquignon*. 1 vol. avec 65 grav. d'après Riou.
— *Petit Monsire et Poule Mouillée*. 1 vol. avec 60 grav. par E. Girardet.
— *Robin des Bois*. 1 vol. illustré de 40 gravures d'après Sirouy.
— *L'usine et le château*. 1 vol. illustré de 44 grav. d'après Robaudi.
— *L'arche de Noé*. 1 vol. illustré de 40 gravures d'après Robaudi.

Rendu (V.) : *Mœurs pittoresques des insectes*. 1 vol. avec 49 grav.

Rostoptchine (Mme la comtesse) : *Belle, Sage et Bonne*. 1 vol. avec 39 gravures d'après Ferdinandus.

Sandras (Mme) : *Mémoires d'un lapin blanc*. 1 vol. avec 90 gravures d'après E. Bayard.

Sannois (Mme la comtesse de) : *Les soirées à la maison*. 1 vol. avec 42 gravures d'après E. Bayard.

Ségur (Mme la comtesse de) : *Après la pluie, le beau temps*. 1 vol. avec 128 grav. d'après E. Bayard.
— *Comédies et proverbes*. 1 vol. avec 60 gravures d'après E. Bayard.
— *Diloy le chemineau*. 1 vol. avec 90 gravures d'après H. Castelli.
— *François le bossu*. 1 vol. avec 114 gravures d'après E. Bayard.
— *Jean qui grogne et Jean qui rit*. 1 vol. avec 70 grav. d'après Castelli.
— *La fortune de Gaspard*. 1 vol. avec 52 gravures d'après Gerlier.
— *La sœur de Gribouille*. 1 vol. avec 72 grav. d'après H. Castelli.
— *Pauvre Blaise!* 1 vol. avec 65 gravures d'après H. Castelli.
— *Quel amour d'enfant!* 1 vol. avec 79 gravures d'après E. Bayard.
— *Un bon petit diable*. 1 vol. avec 100 gravures d'après H. Castelli.
— *Le mauvais génie*. 1 vol. avec 90 gravures d'après E. Bayard.
— *L'auberge de l'Ange-Gardien*. 1 vol. avec 75 grav. d'après Foulquier.
— *Le général Dourakine*. 1 vol. avec 100 gravures d'après E. Bayard.

Ségur (Mme la comtesse de) (suite) : *Les bons enfants*. 1 vol. avec 70 gravures d'après Foroglio.
— *Les deux nigauds*. 1 vol. avec 76 gravures d'après H. Castelli.
— *Les malheurs de Sophie*. 1 vol. avec 48 grav. d'après H. Castelli.
— *Les petites filles modèles*. 1 vol. avec 21 gravures d'après Bertall.
— *Les vacances*. 1 vol. avec 36 gravures d'après Bertall.
— *Mémoires d'un Ane*. 1 vol. avec 75 grav. d'après H. Castelli.

Stolz (Mme de) : *La maison roulante*. 1 vol. avec 20 grav. sur bois d'après E. Bayard.
— *Le trésor de Nanette*. 1 vol. avec 24 gravures d'après E. Bayard.
— *Blanche et Noire*. 1 vol. avec 54 gravures d'après E. Bayard.
— *Par-dessus la haie*. 1 vol. avec 56 gravures d'après A. Marie.
— *Les poches de mon oncle*. 1 vol. avec 20 gravures d'après Bertall.
— *Les vacances d'un grand-père*. 1 vol. avec 40 gravures d'après G. Delafosse.
— *Le vieux de la forêt*. 1 vol. avec 32 gravures d'après Sahib.
— *Le secret de Laurent*. 1 vol. avec 32 gravures d'après Sahib.
— *Les deux reines*. 1 vol. avec 32 gravures d'après Delort.
— *Les mésaventures de Mlle Thérèse*. 1 vol. avec 20 grav. d'après Charles.
— *Les frères de lait*. 1 vol. avec 42 gravures d'après E. Zier.

Stolz (Mme de) (suite) : *Magali*. 1 vol. avec 36 gravures d'après Tofani.
— *Les deux André*. 1 vol. avec 45 gravures d'après Tofani.
— *Deux tantes*. 1 vol. avec 43 gravures d'après Tofani.
— *Violence et bonté*. 1 vol. avec 36 gravures par Tofani.
— *L'embarras du choix*. 1 v. illustré de 30 gravures d'après Tofani.
— *Petit Jacques*. 1 vol. illustré de 48 gravures d'après Tofani.
— *La famille Coquelicot*. 1 vol. illustré de 30 grav. d'après Jeanniot.

Swift : *Voyages de Gulliver*, traduit et abrégé à l'usage des enfants. 1 vol. avec 57 gravures d'après Delafosse.

Taulier : *Les deux petits Robinsons de la Grande-Chartreuse*. 1 vol. avec 69 gravures d'après E. Bayard et Hubert Clerget.

Tournier : *Les premiers chants*, poésies à l'usage de la jeunesse. 1 vol. avec 40 gravures d'après Gustave Roux.

Verley : *Miss Fantaisie*. 1 vol. ill. de 36 grav. d'après Zier.

Vimont (Ch.) : *Histoire d'un navire*. 1 vol. avec 40 gravures d'après Alex. Vimont.

Witt (Mme de), née Guizot : *Enfants et parents*. 1 vol. avec 34 gravures d'après A. de Neuville.
— *La petite-fille aux grand'mères*. 1 vol. avec 36 grav. d'après Beau.
— *En quarantaine*. 1 vol. avec 48 gravures d'après Ferdinandus.

IIIe SÉRIE, POUR LES ENFANTS ADOLESCENTS

ET POUVANT FORMER UNE BIBLIOTHÈQUE POUR LES JEUNES FILLES DE 14 A 18 ANS

VOYAGES

Agassiz (M. et Mme) : *Voyage au Brésil*, traduit et abrégé par J. Belin-De Launay. 1 vol. avec 16 gravures et 1 carte.

Aunet (Mme d') : *Voyage d'une femme au Spitzberg*. 1 vol. avec 34 gravures.

Baines : *Voyages dans le sud-ouest de l'Afrique*, traduit et abrégé par J. Belin-De Launay. 1 vol. avec 23 gravures et 1 carte.

Baker : *Le lac Albert N'yanza. Nouveau voyage aux sources du Nil*, abrégé par Belin-De Launay. 1 vol. avec 16 gravures et 1 carte.

Baldwin : *Du Natal au Zambèse (1861-1865). Récits de chasses*, abrégés par J. Belin-De Launay. 1 vol. avec 24 gravures et 1 carte.

Burton (Le capitaine): *Voyages à la Mecque, aux grands lacs d'Afrique et chez les Mormons*, abrégé par J. Belin-De Launay. 1 vol. avec 12 gravures et 3 cartes.

Catlin : *La vie chez les Indiens*, traduit de l'anglais. 1 vol. avec 25 gravures.

Fonvielle (W. de) : *Le glaçon du Polaris, aventures du capitaine Tyson*. 1 vol. avec 19 gravures et 1 carte.

Hayes (Dr) : *La mer libre du pôle*, traduit par F. de Lanoye, et abrégé par J. Belin-De Launay. 1 vol. avec 14 gravures et 1 carte.

Hervé et de Lanoye : *Voyages dans les glaces du pôle arctique*. 1 vol. avec 40 gravures.

Lanoye (F. de) : *Le Nil, son bassin et ses sources*. 1 vol. avec 32 gravures et des cartes.

— *La Sibérie*. 1 vol. avec 48 gravures d'après Lebreton, etc.

— *Les grandes scènes de la nature*. 1 vol. avec 40 gravures.

— *La mer polaire, voyage de l'Érèbe et de la Terreur, et expédition à la recherche de Franklin*. 1 vol. avec 20 gravures et des cartes.

— *Ramsès le Grand, ou l'Égypte il y a trois mille trois cents ans*. 1 vol. avec 39 gravures d'après Lancelot, E. Bayard, etc.

Livingstone : *Explorations dans l'Afrique australe*, abrégé par J. Belin-De Launay. 1 vol. avec 20 gravures et 1 carte.

Livingstone (suite) : *Dernier journal*, abrégé par J. Belin-De Launay. 1 vol. avec 16 grav. et 1 carte.

Mage (L.): *Voyage dans le Soudan occidental*, abrégé par J. Belin-De Launay. 1 vol. avec 16 gravures et 1 carte.

Milton et Cheadle : *Voyage de l'Atlantique au Pacifique*, traduit et abrégé par J. Belin-De Launay. 1 vol. avec 16 gravures et 2 cartes.

Mouhot (Ch.) : *Voyage dans le royaume de Siam, le Cambodge et le Laos*. 1 vol. avec 28 gravures et 1 carte.

Palgrave (W. G.): *Une année dans l'Arabie centrale*, traduit et abrégé par J. Belin-De Launay. 1 vol. avec 12 gravures, 1 portrait et 1 carte.

Pfeiffer (Mme): *Voyages autour du monde*, abrégé par J. Belin-De Launay. 1 vol. avec 16 gravures et 1 carte.

Piotrowski: *Souvenirs d'un Sibérien*. 1 vol. avec 10 gravures d'après A. Marie.

Schweinfurth (Dr) : *Au cœur de l'Afrique (1866-1871)*. Traduit par Mme H. Loreau, et abrégé par J. Belin-De Launay. 1 vol. avec 16 gravures et 1 carte.

Speke: *Les sources du Nil*, édition abrégée par J. Belin-De Launay. 1 vol. avec 24 gravures et 3 cartes.

Stanley : *Comment j'ai retrouvé Livingstone*, traduit par Mme Loreau, et abrégé par J. Belin-De Launay. 1 vol. avec 16 gravures et 1 carte.

Vambéry: *Voyages d'un faux derviche dans l'Asie centrale*, traduit par E. D. Forgues, et abrégé par J. Belin-De Launay. 1 vol. avec 18 gravures et une carte.

HISTOIRE

Le Loyal Serviteur : *Histoire du gentil seigneur de Bayard*, revue et abrégée, à l'usage de la jeunesse, par Alph. Feillet. 1 vol. avec 36 gravures d'après P. Sellier.

Monnier (M.) : *Pompéi et les Pompéiens*. Édition à l'usage de la jeunesse. 1 vol. avec 25 gravures d'après Thérond.

Plutarque : *Vies des Grecs illustres*, édition abrégée par A. Feillet. 1 vol. avec 53 gravures d'après P. Sellier.

— *Vies des Romains illustres*, édition abrégée par A. Feillet. 1 vol. avec 69 gravures d'après P. Sellier.

Retz (Le cardinal de) : *Mémoires* abrégés par A. Feillet. 1 vol. avec 35 gravures d'après Gilbert, etc.

LITTÉRATURE

Bernardin de Saint-Pierre : *Œuvres choisies*. 1 vol. avec 42 gravures d'après E. Bayard.

Cervantès : *Don Quichotte de la Manche*. 1 vol. avec 64 gravures d'après Bertall et Forest.

Homère : *l'Iliade et l'Odyssée*, traduites par P. Giguet et abrégées par Alph. Feillet. 1 vol. avec 33 gravures d'après Olivier.

Le Sage : *Aventures de Gil Blas*, édition destinée à l'adolescence. 1 vol. avec 50 gravures d'après Leroux.

Mac-Intosh (Miss) : *Contes américains*, traduits par Mme Dionis. 2 vol. avec 50 gravures d'après E. Bayard.

Maistre (X. de) : *Œuvres choisies*. 1 vol. avec 15 gravures d'après E. Bayard.

Molière : *Œuvres choisies*, abrégées à l'usage de la jeunesse. 2 vol. avec 22 gravures d'après Hillemacher.

Virgile : *Œuvres choisies*, traduites et abrégées à l'usage de la jeunesse, par Th. Barrau. 1 vol. avec 20 gravures d'après P. Sellier.

BIBLIOTHÈQUE ROSE ILLUSTRÉE

MÉMOIRES D'UN ANE

PAR

Mme LA COMTESSE DE SÉGUR

NÉE ROSTOPCHINE

ILLUSTRÉS DE 75 VIGNETTES

PAR HORACE CASTELLI

NOUVELLE ÉDITION

PARIS
LIBRAIRIE HACHETTE ET Cie
79, BOULEVARD SAINT-GERMAIN, 79

Couvertures supérieure et inférieure en couleur